RESEARCH ON TIE BEAM AND
SUPPORT COOPERATIVE STRESS OF
STEEL TUBE-CONFINED CONCRETE TIED ARCH BRIDGE

钢管混凝土系杆拱桥
系梁-支架协同受力研究

刘 波 张洪波 徐刚年 迟作强 姚希磊 著

人民交通出版社
北 京

内 容 提 要

本书共分为8章,内容包括:绪论、系杆拱桥系梁与盘扣式支架协同受力研究、均布荷载作用下系梁与盘扣式支架协同受力研究、集中荷载作用下系梁与盘扣式支架协同受力研究、系杆拱桥系梁与梁柱式支架协同受力研究、均布荷载作用下系梁与梁柱式支架协同受力研究、集中荷载作用下系梁与梁柱式支架协同受力研究、系杆拱-临时支架空间有限元仿真分析。本书注重理论与实际结合,并通过工程实例分析验证,有助于读者更好地了解钢管混凝土系杆拱桥系梁与支架的协同受力问题。

本书可供相关工程技术人员参考,也可供高等院校相关专业师生学习。

图书在版编目(CIP)数据

钢管混凝土系杆拱桥系梁-支架协同受力研究 / 刘波等著. — 北京 : 人民交通出版社股份有限公司, 2024.11

ISBN 978-7-114-19109-1

Ⅰ.①钢… Ⅱ.①刘… Ⅲ.①钢管混凝土拱桥—系杆拱桥—支架—受力性能—研究 Ⅳ.①U448.22

中国国家版本馆CIP数据核字(2023)第224259号

Gangguan Hunningtu Xigan Gongqiao Xiliang-Zhijia Xietong Shouli Yanjiu

书　　名: 钢管混凝土系杆拱桥系梁-支架协同受力研究
著 作 者: 刘　波　张洪波　徐刚年　迟作强　姚希磊
责任编辑: 李　娜
责任校对: 赵媛媛　龙　雪
责任印制: 刘高彤
出版发行: 人民交通出版社
地　　址: (100011)北京市朝阳区安定门外外馆斜街3号
网　　址: http://www.ccpcl.com.cn
销售电话: (010)85285857
总 经 销: 人民交通出版社发行部
经　　销: 各地新华书店
印　　刷: 北京科印技术咨询服务有限公司数码印刷分部
开　　本: 787×1092　1/16
印　　张: 7.5
字　　数: 176千
版　　次: 2024年11月　第1版
印　　次: 2024年11月　第1次印刷
书　　号: ISBN 978-7-114-19109-1
定　　价: 58.00元
(有印刷、装订质量问题的图书,由本社负责调换)

前言

钢管混凝土系杆拱桥因其刚度大、跨越能力强、造型优美,在高速铁路、公路及市政桥梁工程中的应用日益广泛。钢管混凝土系杆拱桥的施工一般采用“先梁后拱”,即先采用支架浇筑混凝土系梁,张拉系梁预应力,然后架设钢管拱肋,灌注拱肋混凝土。临时支架的类型主要包括以盘扣式支架为代表的满堂支架和以贝雷梁支架为代表的梁柱式支架等。在现有的支架设计过程中,一般要考虑系梁、钢管混凝土、模板及支架的自重和施工机具、人员荷载等,且所有荷载均由支架承担。实际上,在完成预应力张拉后,系梁与支架能够协同受力,共同承担后续施加的拱肋支架自重、钢管混凝土自重等荷载。通过对钢管混凝土系杆拱桥系梁-临时支架的协同受力进行研究,可以优化现有的支架设计理论,改进施工方案,降低施工成本。

本书主要内容如下:

(1)基于弹性地基梁理论,推导出集中荷载作用下系梁与盘扣式支架的协同受力计算公式,得到了系梁位移、转角、弯矩和剪力的计算表达式,并通过有限元软件 SAP2000 对推导结果进行验证。从系梁混凝土强度等级、系梁截面高度、盘扣架布置间距等角度进行计算公式关键参数分析,研究其对协同受力荷载分配的影响。

(2)基于双层弹性地基梁理论,推导出集中荷载作用下系梁与贝雷梁的协同受力计算公式,得到了系梁和贝雷梁的位移、转角、弯矩和剪力的计算表达式,并通过有限元软件 SAP2000 对推导结果进行验证。从系梁混凝土强度等级、系梁截面高度、盘扣架布置形式、贝雷梁布置形式等角度对计算公式的关键参数进行分析,研究了参数变化对协同受力荷载分配的影响。

(3)采用 midas Civil 分别建立了系杆拱-盘扣式支架、系杆拱-梁柱式支架的空间有限元协同受力模型,分析了各施工阶段支架的受力和变形;对后期施工荷载作用下盘扣式支架和梁柱式支架的荷载分布规律进行了研究,为临时结构的设计优化提供理论支撑。

本书在编写过程中参阅了大量的文献,在此,对文献的作者表示衷心的感谢!由于作者理论和技术水平有限,书中疏漏之处在所难免,敬请读者批评指正。

编　者

2024 年 9 月

目录

第1章 绪论

1.1 研究背景

交通运输是国家经济发展的重要支撑,改革开放以来,我国交通建设迎来了突飞猛进的发展。改革开放初期,我国公路通车总里程为89万km,铁路网里程仅为5.17万km。1998年10月31日,中国大陆第一条高速公路——沪嘉高速公路建成通车,2008年8月1日,我国第一条高速铁路——京津城际高铁正式开通。截至2023年底,我国公路通车总里程543.68万km,其中高速公路18.36万km;铁路营业里程达到15.9万km,其中高速铁路4.5万km。在交通建设中,桥梁成为跨越其他交通线、河流、山谷,甚至海洋时,不可或缺的部分,交通建设的飞速发展离不开桥梁技术的进步。

我国桥梁建设历史悠久,早期的桥梁多为跨度较小、承载能力有限的石板桥和石拱桥,直到1937年,我国工程师自主设计建造的第一座近代大跨径桥梁——钱塘江大桥顺利通车。经过近几十年的发展,我国的桥梁建设取得了显著进步,桥梁跨度与数量均有了大幅提升,相继建成了众多跨度大、施工难度高、桥梁体系复杂的山区、跨江、跨海桥梁。截至2022年底,我国已建成铁路桥梁9.2万座,累计里程3.1万km;公路桥梁96.11万座,累计里程7.4万km,其中特大桥梁7417座。桥梁已成为中国建造的靓丽名片。我国桥梁世界之最列于表1-1中。

我国桥梁世界之最　　表1-1

桥梁名称	通车时间	跨越位置	意义	备注
沪苏通长江大桥	2020年7月1日	长江	世界上最长的公铁两用斜拉桥	主跨1092m
港珠澳大桥[5]	2018年10月24日	伶仃洋	世界最长跨海大桥	全长55km
北盘江第一桥	2016年12月29日	泥猪河	世界第一高桥	桥面至江面垂直距离565.4m
平南三桥	2020年12月28日	浔江	世界最大跨径拱桥	主跨575m
金阳河特大桥	2022年6月30日	深切河谷	世界第一高墩大桥	桥墩高度196m
京沪高铁丹昆特大桥	2011年6月30日	—	世界第一长桥	全长164.851km

续上表

桥梁名称	通车时间	跨越位置	意义	备注
张靖皋长江大桥	在建	长江	世界最大跨度悬索桥	主跨 2300m
常泰长江大桥	在建	长江	世界最大跨度斜拉桥	主跨 1176m

随着我国钢管混凝土理论研究的发展及其在拱桥上的推广应用，钢管混凝土拱桥以其刚度大、跨越能力强及造型优美等优点，为大跨度特殊结构桥梁的方案比选提供了新思路。钢管混凝土系杆拱桥一般采用"先梁后拱"的施工方案，即先搭设系梁临时支架，待系梁浇筑完成并张拉部分预应力钢筋后，在系梁上方搭设拱肋支架，再进行拱肋吊装拼接，灌注拱肋混凝土，待张拉完吊杆后，最后拆除临时支架。

支架的设计和施工是整个工程的基础，其安全性和可靠性决定了系杆拱桥能否顺利竣工。目前的支架设计方法中，对于"先梁后拱"的施工方案，在系梁支架设计计算时，一般要考虑系梁、钢管混凝土、模板及支架的自重和施工机具、人员荷载等，且所有荷载均由支架承担。实际上，在完成预应力张拉后，系梁与支架能够协同受力，共同承担后续施加的拱肋支架自重、钢管混凝土自重等荷载。研究钢管混凝土系杆拱-临时支架的协同受力，可以优化现有的支架设计理论，减少施工临时结构的材料用量，降低施工成本，并改进施工方案。

1.2 钢管混凝土系杆拱桥发展概况

拱桥是以拱圈或拱肋作为主要承重结构的桥。在竖向荷载作用下，拱脚处不仅产生竖向反力，还产生水平推力，由于水平推力的存在，主拱圈所受的弯矩比相应跨度的梁小很多，从而使主拱圈主要承受压应力。根据这个受力特点，拱桥可以充分利用抗压性能好而抗拉性能差的材料来修建，如砖、石、混凝土等。拱桥的形式可以按照表 1-2 进行分类。

拱桥分类表 表 1-2

分类依据	类型
主拱圈材料	圬工拱桥、钢筋混凝土拱桥、钢拱桥、钢-混凝土组合拱桥等
拱上建筑形式	实腹式拱桥、空腹式拱桥
主拱圈线形	圆弧线拱桥、抛物线拱桥、悬链线拱桥
桥面位置	上承式拱桥、中承式拱桥、下承式拱桥
有无水平推力	有推力拱、无推力拱
结构受力图示	简单体系拱桥、组合体系拱桥、拱片桥
拱圈截面	板拱桥、板肋拱桥、肋拱桥、双曲拱桥、箱形拱桥、钢管混凝土拱桥、劲性骨架混凝土拱桥

在我国，拱桥的历史可以追溯至春秋战国时期，《水经注》中提及的"旅人桥"，大约建成于公元 282 年。当时的拱桥多为木、石结构，最为出名的当属公元 618 年建造的石拱桥——赵州桥，距今已有 1400 多年历史，是世界桥梁建筑史上现存时间最长的一座。而随着建筑材料的不断创新演变，拱圈和桥面系逐渐由木、石结构转变为钢结构、钢筋混凝土结构和钢管混凝土结构等。

钢管混凝土(Concrete Filled Steel Tube，CFST)属于钢—混组合结构中的一种，主要被应用在以受压为主的结构中。钢管混凝土系杆拱桥拱肋由钢管和内部灌注的混凝土组成，一方面借助内填混凝土增强钢管壁的稳定性，同时拱肋钢管对内部混凝土施加径向约束，使内部混凝土处于三向受压状态，提高了其抗压能力，显著增强了拱肋承载能力。在总体性能方面，由于钢管混凝土正常使用状态是以压力控制设计的，外表不存在混凝土裂缝问题，因而可以使主拱圈截面及其宽度相对较小，进而减小桥面上承重结构所占的宽度，提高了中、下承式拱的桥面宽度使用效率。在施工方面，钢管本身相当于混凝土的浇筑模板，具有强度高、质量轻、易于吊装的优点，施工时可先将拱肋钢管合龙，再压注管内混凝土，降低施工难度。常见的钢管混凝土拱肋形式有单圆管、哑铃形、三肢格构式、四肢格构式和多肢格构式等。

早在19世纪90年代，国外就出现了采用钢-混凝土结构建造的拱桥，开创了此类结构形式的先河。1930年，法国巴黎建造出了第一座集束钢管混凝土拱桥，跨径为9m；1937年，苏联在列宁格勒采用集束式小直径钢管作为拱肋建造了第一座下承式钢管混凝土拱桥，跨径101m，是第一座超过百米跨径的钢管混凝土拱桥。但此后国外的研究均集中在中小跨度的钢管混凝土拱桥上，直到2007年，法国才修建了一座较大跨度的上承式钢管混凝土拱桥，全长为229m，宽为30m。此后，国外至今也并未建造较大规模的钢管混凝土拱桥。

我国第一座钢管混凝土拱桥——四川旺苍大桥，始建于1990年，跨径115m，为下承式钢管混凝土系杆拱桥；同年年底建成的广东高明大桥，为我国第一座大跨径中承式钢管混凝土拱桥，最大跨径100m。此后，我国钢管混凝土拱桥的跨径、数量均开始飞速增长，结构形式与施工工艺也在不断创新，取得了举世瞩目的成就。1995年，主跨200m的三山西中承式钢管混凝土系杆拱桥建成，标志着我国钢管混凝土拱桥跨径首次突破200m；随后，1997年的邕宁邕江大桥、2005年的巫山长江大桥以及2012年建成的四川波司登大桥分别标志着我国钢管混凝土拱桥跨径突破300m、400m和500m。

目前最大跨度的钢管混凝土拱桥为平南三桥，位于广西壮族自治区贵港市平南县，该桥于2020年12月28日建成通车。平南三桥全长1035m，主桥跨径575m，为中承式钢管混凝土拱桥，采用四管桁架式的拱肋结构，矢跨比为0.25。平南三桥的建成再一次刷新了世界钢管混凝土拱桥的纪录，超越了主跨530m的四川泸渝高速波司登大桥。截至2022年，我国共建成近500座钢管混凝土系杆拱桥，近年来，我国建成的部分跨径大于200m的钢管混凝土系杆拱桥列于表1-3中。

部分跨径大于200m的钢管混凝土系杆拱桥一览表 表1-3

序号	桥梁名称	建成年份	跨径(m)	结构形式	拱肋形式
1	四川富乐大桥	1996	202	中承式	四肢桁式
2	南宁三岸邕江大桥	1998	270	飞燕式	四肢桁式
3	湖北秭归龙潭河大桥	1999	208	中承式	哑铃形
4	广东丫髻沙大桥	2000	360	飞燕式	六肢桁式
5	武汉晴川大桥	2000	280	下承式	四肢桁式
6	武汉长丰桥	2001	252	飞燕式	四肢桁式
7	浙江三门健跳大桥	2001	245	中承式	四肢桁式

续上表

序号	桥梁名称	建成年份	跨径(m)	结构形式	拱肋形式
8	邳州市京杭特大桥	2002	235	飞燕式	四肢桁式
9	湖北恩施南里渡大桥	2002	220	上承式	四肢桁式
10	浙江千岛湖南浦大桥	2003	308	中承式	四肢桁式
11	四川巫山长江大桥	2005	492	中承式	四肢桁式
12	四川波司登大桥	2013	530	中承式	四肢桁式
13	广东横琴二桥	2015	400	中承式	四肢桁式
14	贵州香火岩特大桥	2018	300	上承式	多肢桁架
15	贵州大小井特大桥	2018	450	上承式	四肢桁式
16	广西平南三桥	2020	575	中承式	四肢桁式
17	四川合江长江大桥	2021	507	飞燕式	四肢桁式

1.3 钢管混凝土系杆拱桥的特点

此类型拱桥采用钢管混凝土作为拱肋。钢管混凝土意为“钢管套箍混凝土”,指管内混凝土在钢管的作用下呈三向受压状态并与钢管共同作用,在提高钢管套箍的抗压强度与压缩变形能力的同时,也借助管内混凝土的支撑作用提高了钢管的几何稳定性、改变了其失稳模态,从而提高了整体的承载能力。相比之下,其他类型的拱肋材料,如钢筋混凝土,由于其长细比较大,难以保证承载能力的稳定性;又如大量使用钢材的劲性骨架拱肋,虽然在一定程度上减轻了桥体自重,但却较为容易发生拱的局部屈曲现象,且施工成本显著高于钢管混凝土拱肋。在施工方面,由于钢管混凝土拱肋的钢管可以采用整体吊装方案,吊装拼接完成后的钢管又可以作为劲性钢骨架与灌注管内混凝土的模板,不仅较大幅度地缩减了施工周期,降低了施工难度,使得桥梁外形也更加美观。同时这种结构也适用于更大跨径的桥梁建设。

钢管混凝土拱桥主要由钢管混凝土拱和梁组成。它的力学结构特点主要是可以在很大程度上将系梁的弯矩转化拱的轴力,并向下传递至基础。钢管混凝土作为拱肋,主要承受轴向的压应力,因此可以充分发挥其抗压强度高的材料特性;同时,由于系梁的大部分弯矩均被转化为拱肋的轴力,其弯矩就远小于相近跨径的连续梁桥,因此可以较大幅度地减小系梁的尺寸,削减建设成本,线形与应力的控制也更加简单。

钢管混凝土系杆拱桥的拱肋与系梁之间依靠吊杆相连接,因此二者可以协调受力形成整体。系梁通过吊杆将承受的竖向力传递给拱肋,并转化为拱肋的轴力,拱肋通过拱脚将此轴力的竖向分力传递至基础;同时系梁又通过拱脚与拱肋相连,承受两拱脚之间的水平分力,结构形式简洁明了。由于这种形式的拱桥基础对水平作用力的敏感度较低,在结构上不需要特殊设计,与一般的梁式桥基础相似即可。从拱桥的外部整体来看,其结构形式与一般的简支梁桥没有明显的差别,属于典型的静定结构;从拱桥的内部来看,系梁、吊杆、拱肋与基础共同构成了超静定结构。

钢管混凝土拱桥的结构类型非常丰富,根据不同的分类标准可以划分为多种类型的结构。例如,如果按照拱桥的桥面和拱的相对位置关系,可将拱桥划分为上承式、中承式和下承式拱桥;若按照拱圈的拱脚是否会对桥梁基础产生水平向的分力,则可以将拱桥划分为有推力和无推力拱桥(无推力拱又可分为梁拱组合体系和钢架系杆拱);若是按照拱肋截面的结构形式,则可将其划分为单圆管、哑铃形和多肢桁式结构拱桥。在受压的拱和承受弯矩的梁的共同作用下,钢管混凝土拱桥具有结构刚度大、跨越能力强、抗震能力强、自重较轻以及施工难度小等优点。

1.4 钢管混凝土拱桥施工方法

由于判定标准不同,钢管混凝土拱桥施工方法的分类也多种多样。陈宝春以钢管混凝土拱桥在施工过程中是否采用自身已施工完成的部分为支撑结构来进行下一步施工为分类标准,将钢管混凝土拱桥的施工方法分为自架设与非自架设两大类。自架设法主要指悬臂施工法,非自架设法主要包括悬臂拼装法、转体施工法以及支架法。

悬臂拼装法主要用于跨度较大且对通航和行车要求较高的桥型。在我国现有的钢管混凝土系杆拱桥中,超过七成的桥梁采用此种施工方法。悬臂拼装法主要使用千斤顶斜拉扣挂技术,其主要优点包括施工速度快、拼接质量高、材料和工具可重复使用及施工成本较低等。

转体施工法可分为水平转体、竖向转体及水平竖向组合转体三种。水平转体施工法主要适用于跨越既有线路、河川山谷等特殊地形,此种施工方法将桥跨在平行于既有线路或待跨越河谷处浇筑或拼接,完成后再将桥体转体至设计位置。我国首先采用此种施工方法的桥梁结构主要为T形刚构和斜拉桥,后将此种方法也应用于拱桥。典型案例有表1-1中提到的贵州省水柏铁路盘江大桥,跨径为236m;竖向转体施工一般指拱肋的转体,在国外主要以将拱肋竖起拼装完成后再下放至设计位置的方法为主,我国在这方面的应用一般是首先将半跨拱肋运输至特定位置,其次将拱脚抬起至设计点,然后以拱脚处为支点,将拱肋向上抬起,完成主拱的拼装。典型案例有广西壮族自治区梧州市的桂江三桥,为三跨中承式钢管混凝土系杆拱,跨径组合为40m+175m+40m;水平竖向组合转体即为上述二者的组合,代表案例为广州丫髻沙大桥,为三跨连续自锚中承式钢管混凝土系杆拱桥,跨径组合为76m+360m+76m,无论是转体重量还是转体长度均为同类世界第一。转体施工方法的优点为施工过程中对周边环境影响较小、工序少、施工安全性较高,缺点为对施工时所需的转盘等机具要求较高,当跨度较大时,此种方法难以适用。

支架法施工主要适用于跨度较小、无通航通车要求或者要求较低的拱桥。在小跨度梁拱组合桥中,一般首选此种施工方法,但当桥梁跨度大于200m时,便很少采用支架法了。这种施工方法具有施工工艺简单、施工控制精度高以及成桥质量好等优点,其缺点主要为只适用于跨径较小的桥梁结构。在采用此种施工方法时,首先要保证支架的强度、刚度和稳定性,其次还需通过支架预压消除非弹性形变、测量出弹性形变,并综合考虑支架弹性形变及拆除支架后梁体在自重和温度作用下的竖向位移值设置相应的预拱度。在水中施工时,还需考虑水流速、水面漂浮物、通航船只及临时栈桥等对支架的影响。

下承式钢管混凝土系杆拱桥的施工方法一般均为支架法,采用“先梁后拱”的顺序进行施工。即先施工系梁然后再施工拱肋,具体是指在使用现浇支架将拱桥的系梁浇筑完成后,再以系梁作为施工平台进行拱肋支架安装、拱肋拼装及拱肋混凝土灌注等工序,其简要的工艺流程如图1-1所示。

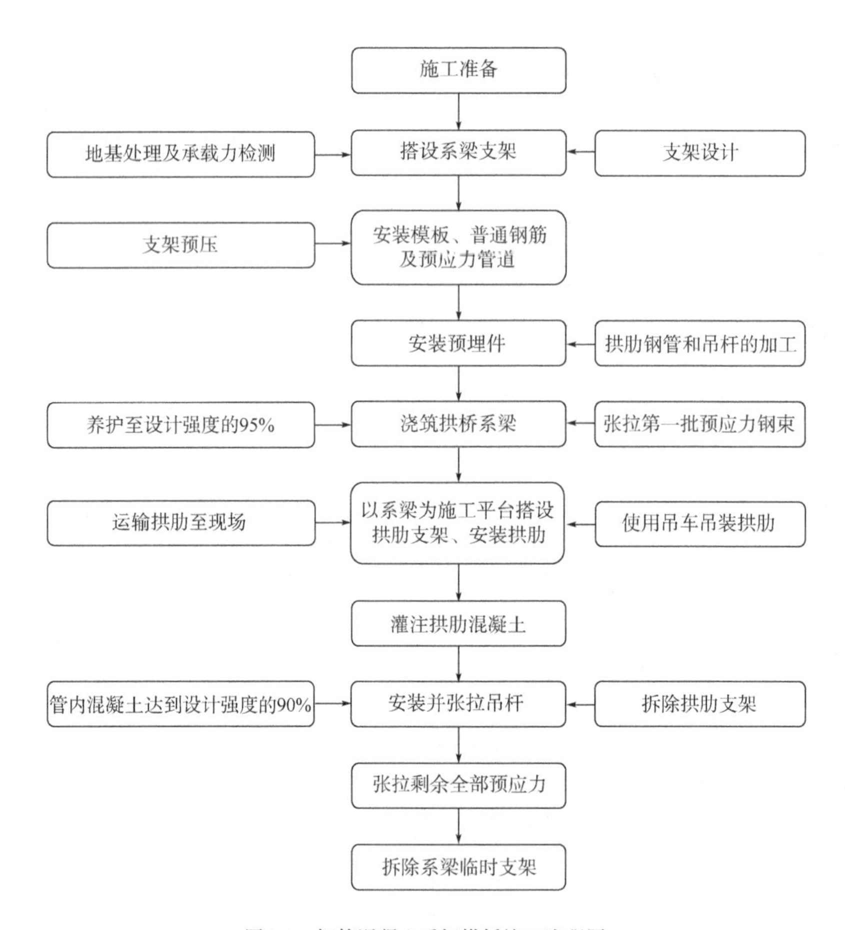

图 1-1 钢管混凝土系杆拱桥施工流程图

由图 1-1 可以看出，当拱桥的系梁浇筑完成并达到一定强度后，其便作为施工过程中主要的承载结构，开始承受包括吊车荷载、拱肋钢管等材料堆放荷载及人群荷载等多种外力。在进行系梁支架的设计计算时，需要仔细考虑各种荷载作用下的支架力学性能。此时，系梁临时支架尚未拆除，与系梁协同受力共同承担着上部荷载，二者对所承担的上部荷载比例存在一个分配机制，本书将以此为研究对象，探讨系梁与支架在荷载作用下的协同受力问题。

1.5 混凝土-支撑体系协同受力研究现状

自从 20 世纪钢管混凝土拱桥进入我国以来，桥梁用建筑材料不断改进，结构体系不断演化，施工工艺的飞速发展，这种形式的桥梁结构因其设计优势，备受桥梁设计人员的青睐，系统化的钢管混凝土拱桥理论体系在这一时期开始逐渐发展与完善。与此同时，我国对于桥梁现浇支架的研究不断深入，其应用范围日益扩大，但是对于临时支架整体模型和局部构件的内力分析与稳定性研究却相对较少，对于桥梁结构和临时支架的协同受力问题的研究更是匮乏。随着对桥梁工程安全性重视程度的提升，如今现浇桥梁临时支架的设计也趋于保守，导致材料浪费和施工成本增加。

现阶段的研究方向主要集中在钢管混凝土拱桥的某个局部构件上，如拱肋及管内混凝土的施工顺序、拱脚在不同工况下的应力状态、吊杆的断裂和更换问题以及风撑的设计优化问题等。相对于以往的研究，这些研究方向主要偏于工程实际，在理论方面的研究进展相对有限。本节汇总了多位国内外学者的研究成果，对本书的研究提供了重要的参考价值。

陈宝春对各种形式的拱桥结构进行了全面的受力特性分析，在此基础上又详细介绍了各类拱桥设计、计算与施工的基本方法，对拱桥设计与施工的理论研究具有指导性意义，也为本书中钢管混凝土系杆拱桥的施工计算方法的研究指明了方向。

郑皆连介绍了中国钢管混凝土拱桥和以钢管混凝土为劲性骨架的混凝土拱桥的发展状况及主要创新技术，并且以合江长江一桥为例对我国在此种类型拱桥的施工关键技术进行了系统化的介绍，点出了我国现行施工工艺的优越性与不足。

林璋璋对房建中楼板浇筑的多层模板支撑体系进行有限元仿真和试验，研究了楼板浇筑时下方立杆支撑的荷载分布，同时对楼板下部各层支撑的荷载传递比重进行计算整理，得出了不同时间、空间的混凝土荷载在支架上传递规律，对支架的优化设计起到了一定的指导作用。

王安君总结了型钢混凝土施工阶段的受力方法，提出了型钢骨架和模板支撑体系的协同受力理论，分别通过理论计算和有限元模拟对理论进行了验证，得出了型钢骨架承担40%混凝土荷载的结论，最后对型钢骨架和模板支架协同受力的影响因素进行分析，对支架设计提出了优化方法。

朱烎祥针对桥梁出现的开裂、挠度过大等病害问题，提出了钢板-UHPC组合加固的方法，通过钢板、UHPC和原受损混凝土三者的协同受力达到提高桥梁承载力的目的。经相关试验表明，三者协同受力效果较好，加固后可明显改善桥梁受力状态，该理论对于指导桥梁维修养护具有很好的实用性。

何少川对地下结构中常常出现的巨型截面梁分次浇筑问题，通过 midas Gen 有限元模拟和现场试验，提出先浇筑梁体与脚手架协同受力，共同承担后浇筑部分梁体自重的理论，并得出其荷载分配规律，同时分析了不同先浇梁体高度对协同受力分析结果的影响。该研究能有效解决巨型截面梁一次性浇筑时，传递到地下结构的荷载过大而导致其破坏问题。

朱尧于设计了足尺钢板-混凝土组合桥塔塔壁试验，分析了钢板与混凝土协同受力工作性能。通过试验对比分析得出，钢板-混凝土结构协同受力效果较好，在桥塔中可充分发挥其力学性能，通过增加钢板厚度可以在一定程度上提高桥塔的刚度和承载力。

曹克周以某项目地下室为例，分析了考虑边坡水平推力作用下的边坡支护及地下室结构的协同受力问题，并通过有限元软件模拟，对协同受力下的传力路径进行分析论证，并对支护结构布置设计进行了优化，确保了结构安全可靠。

宗兆民以某歌剧院剧场工程为背景，从试验测试和理论分析两方面对屋面 SRC 梁中型梁的应变和支架立杆应变与变形进行了测试分析，发现中部立杆承担的荷载小于传统方法计算所得的荷载。通过有限元模拟分析，得到了浇筑过程中型钢承担混凝土荷载比例为55%，模板支架承担45%。

徐志华提出了考虑桥面铺装层与空心板协同受力的抗弯承载力计算方法，并结合工程实际进行了含有桥面铺装层的空心板梁抗弯承载力试验，结果表明，考虑协同受力后的空心板梁抗弯承载力提高了10%。该研究为公路空心板梁的承载力计算优化提供了依据。

溥王一龙针对施工中出现的转换梁,提出了分多次浇筑、先浇层达到一定强度后作为支撑来承担后浇部分荷载的理论,并将该过程中的支架与先浇层协同受力进行了有限元模拟。结合梁截面尺寸,分析得出了最佳的分层浇筑次数和相应的分层浇筑高度,并通过支架与先浇层的协同受力对荷载分配进行了计算,得出了支架的优化设计建议。

Carmen Ibañez 等进行了轴向荷载作用下的钢管混凝土短柱试验研究,试验考虑了圆形、正方形和矩形三种截面形状,同时为探究混凝土填充强度对其极限承载力的影响,对C30普通混凝土和C90高强混凝土两种混凝土填充短柱进行对比试验。试验表明,欧洲、中国和澳大利亚的规范高估了试件的破坏荷载,特别是对于方形和矩形钢管混凝土柱。美国规范对圆形钢管的预测较为保守,对方形和矩形钢管的预测较为不安全。

Ahmed W. Al Zand 等采用试验和数值研究相结合的方法,研究了单向碳纤维布加固和修复矩形钢管混凝土梁的受力性能。结果表明:随着碳纤维布层数的增加,加固后的钢管混凝土梁的弯矩承载力显著提高,当包裹4层CFRP时,紧凑和细长截面的梁的强度分别增加了40%和55%,采用2层CFRP加固后,受损钢管混凝土梁承载力提高65%以上。此外,在包裹的CFRP层数相同时,沿其长度包裹75%的梁长的效果与沿其长度包裹全梁的效果达到了相似的增强比和性能。

谢海清对劲性骨架混凝土拱桥进行了模拟和结构设计理论分析,研究了其关键力学问题,对骨架弦杆施工过程中承载力进行了计算,并对钢管及管内混凝土应力进行了对比分析,得到了关键控制工况。同时分析了成桥阶段各组合工况下主拱外包混凝土应力,研究了其应力组成,对劲性骨架拱桥的设计与施工有重要的指导意义。

许波以澜沧江大桥主跨342m上承式钢管混凝土新型骨架拱桥为工程背景,计算分析了主拱各施工阶段的最大应力,提出了“三环八工作面五节点施工法”,对劲性骨架的施工方法提出了优化设计的建议。研究发现劲性骨架管内混凝土弹模的增加可以降低钢管峰值应力,对结构整体效应偏于安全。

综上所述,国内外研究学者对混凝土与支架或既有结构的协同受力进行了一定研究,但对于钢管混凝土系杆拱桥“先梁后拱”法施工中,拱肋架设时出现的系梁与支架协同受力问题研究较少,特别是对集中荷载作用下,支架承担的荷载比例及分布规律,目前还缺少相应研究。

1.6 本书内容

本书针对钢管混凝土系杆拱桥“先梁后拱”法施工中拱肋架设时出现的系梁与支架协同受力问题进行研究,基于弹性地基梁理论和有限元法,分析其协同受力机理,主要内容如下:

(1)基于弹性地基梁理论,推导出均布荷载和集中荷载分别作用下,系梁与盘扣式支架的协同受力计算公式,得到了系梁位移、转角、弯矩和剪力的计算表达式,并通过有限元软件SAP2000对推导结果进行验证。从系梁混凝土强度等级、系梁截面高度、盘扣架布置间距等角度进行计算公式敏感参数分析,研究其对协同受力荷载分配的影响。

(2)基于双层弹性地基梁理论,推导出均布荷载和集中荷载分别作用下系梁与贝雷梁的协同受力计算公式，得到了系梁和贝雷梁的位移、转角、弯矩和剪力的计算表达式，并通过有限元软件 SAP2000 对推导结果进行验证。从系梁混凝土强度等级、系梁截面高度、盘扣架布置形式、贝雷梁布置形式等角度对计算公式的关键参数进行分析，研究了参数变化对协同受力荷载分配的影响。

(3)采用 midas Civil 分别建立了系杆拱-盘扣式支架、系杆拱-梁柱式支架的空间有限元协同受力模型，分析了各施工阶段支架的受力和变形；对后期施工荷载作用下盘扣式支架和梁柱式支架的荷载分布规律进行了研究，为临时结构的设计优化提供理论支撑。

第2章

系杆拱桥系梁与盘扣式支架协同受力研究

2.1 盘扣式满堂支架

2.1.1 盘扣架简介

盘扣式脚手架最早由德国人在20世纪80年代发明,在国外使用并经过不断改良,之后形成较为成熟的工法。我国于20世纪90年代引入盘扣式支架,首先在北京、上海、江苏等地使用,后因其方便安全等优点在全国推广,并编制了相关规范对其制造和使用加以管理,《建筑施工承插型盘扣式钢管脚手架安全技术标准》(JGJ/T 231—2021)对盘扣架计算及搭设施工均有明确规定。

盘扣式支架由立杆、水平杆、斜杆、可调底座及撑托等配件构成,其构造如图2-1所示。

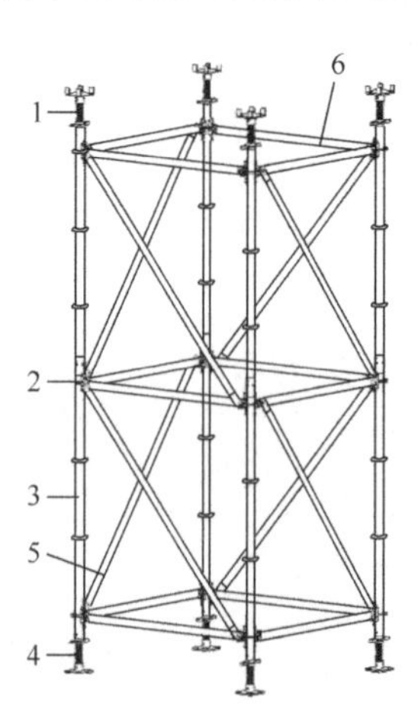

图2-1　盘扣式钢管脚手架示意图

1-可调托撑;2-盘扣节点;3-立杆;4-可调底座;5-竖向斜杆;6-水平杆

盘扣式支架立杆、底座及撑托采用套管承插连接,水平杆和斜杆自带楔形插销,可与立杆上的节点连接盘连接起来,形成稳定的几何体系。立杆是盘扣式支架的主要承重构件,常见的盘扣架立杆材料为Q345钢管,其常见截面相关信息列于表2-1中。

盘扣架立杆钢管截面特征表　　表2-1

外径 ϕ(mm)	壁厚 t(mm)	截面面积 A(mm^2)	惯性矩 I(mm^4)	截面模量 W(mm^3)	回转半径 i(mm)
60.3	3.2	574	234682	7784	20.3
48.3	3.2	453	115857	4797	16.0
48.3	2.5	360	94599	3917	16.2
42	2.5	310	60747	2893	14.0
38	2.5	279	44140	2323	12.6

水平杆和斜杆为辅助稳定的构件,其常见种类规格列于表2-2中。

盘扣架水平杆和斜杆规格表　　表2-2

名称	材质	常见长度
水平杆	Q235	0.3m、0.6m、0.9m、1.2m
斜杆	Q195	长度与水平杆布置间距和长度对应

2.1.2　盘扣式满堂支架在桥梁施工中的应用

盘扣式满堂支架是钢管混凝土系杆拱桥现浇施工中较为常见的支架,通常用于桥址地基较好,不需要预留行车通道的系杆拱桥施工中。常见的盘扣式支架布置自上而下依次为:模板(方木)→分配梁→盘扣架→混凝土垫层。

某现浇桥梁盘扣式支架布置如图2-2所示。

图2-2　盘扣式支架现场布置图

对于桥梁施工中的盘扣式支架,通常会根据所浇筑结构的厚度调整立杆布置间距,如在腹板或实心段处会进行加密,当不便于加密立杆时,还可通过减小水平杆步距来小幅增强承载力。

盘扣式满堂支架应按照专项施工方案进行施工,在地基承载力满足要求后再进行搭设。支架搭设与拆除应严格按照规范要求的步骤进行,并确保水平杆步距、斜杆布置位置与数量、顶托与底托伸出长度、支架整体高宽比、剪刀撑布置等满足规范要求。

盘扣式支架在桥梁建设中被广泛应用,具有以下优点:

(1)安全性好。斜杆搭设后支架呈三角形格构式结构,在外荷载作用下不易变形,稳定性好。立杆和斜杆的楔形插销靠自身重量可以自动锁紧,不易松动。

(2)适应性广。盘扣架立杆每0.5m设有一个盘扣节点,单根立杆常见长度为1.0~2.0m,搭配可以进行一定高度调节的底座和撑托,盘扣架可调整出任意高度的立杆。水平杆常见长度为0.3~1.2m,可根据承担的荷载及地形对立杆布置间距进行调整,确保其满足承载力要求,布置灵活,适应性强。

(3)搭设方便。构件为空心钢管,最大长度约为2m,单个构件自重较轻,水平杆和斜杆与盘扣节点采用楔形插销连接,单人即可快速完成搭设,节省人工成本,运输储存方便,搭设时几乎不需要大型机械设备。

(4)经济性好。正常使用情况下盘扣架损耗较低,构件均可循环使用。盘扣架表面经过镀锌处理,其使用寿命可延长到15~20年。标准化程度较高,遗失配件方便添加。

盘扣式支架也存在一些不足,当需搭设的支架高度过大时,支架的搭设与拆除均较为烦琐,时间成本较高。

2.1.3 依托工程盘扣架施工方案

以某下承式钢管混凝土拱桥为例,系梁全长75.2m,计算跨长为72m,矢跨比为$f/l=1/5$,拱肋平面内矢高14.4m,拱肋采用悬链线线形。拱肋横截面采用哑铃形钢管混凝土截面,截面高度$h=3.2$m,沿程等高布置,钢管直径为1200mm,由厚20mm的钢板卷制而成,上、下钢管为钢-混组合结构,钢管内填充C55自密实补偿收缩混凝土。系梁按整体箱形梁设计,采用单箱四室预应力混凝土箱形截面,桥面箱宽22.0m,梁高2.8m。底板厚度为31cm,顶板厚度为30cm,边腹板厚度为40cm,中腹板厚度为34cm。底板在3.0m范围内提升1.0m,以减小风阻力。

盘扣式满堂支架自上而下依次为:15mm竹胶板→10cm×10cm方木→I10工字钢分配梁→ϕ60mm×3.2mm盘扣式支架→20cm混凝土垫层。盘扣式支架总高度为6.0m,纵横向间距均为90cm,最大水平步距150cm。在系梁浇筑施工完成且混凝土强度满足要求后会进行拱肋安装,单侧拱肋下方共设4组钢管格构柱。系梁支架布置如图2-3所示,拱肋支架布置如图2-4所示。

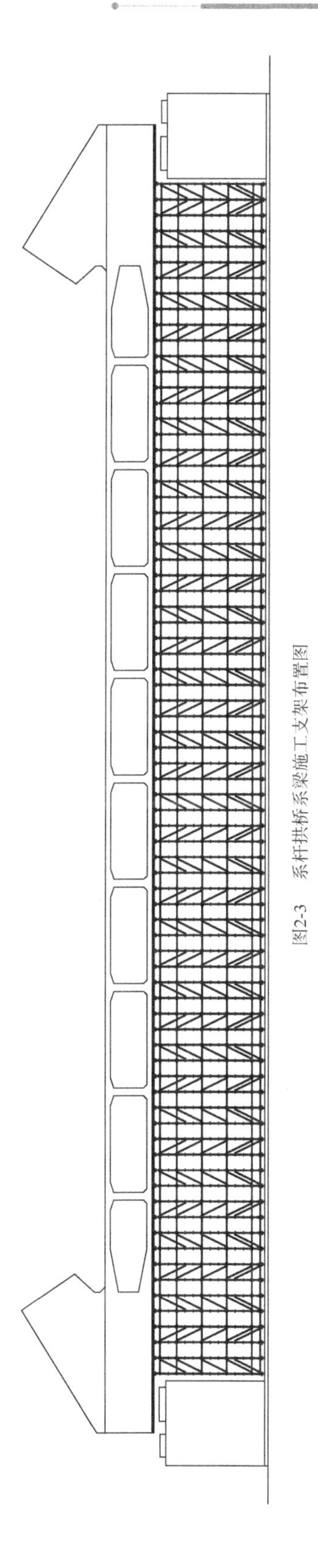

图2-3　系杆拱桥系梁施工支架布置图

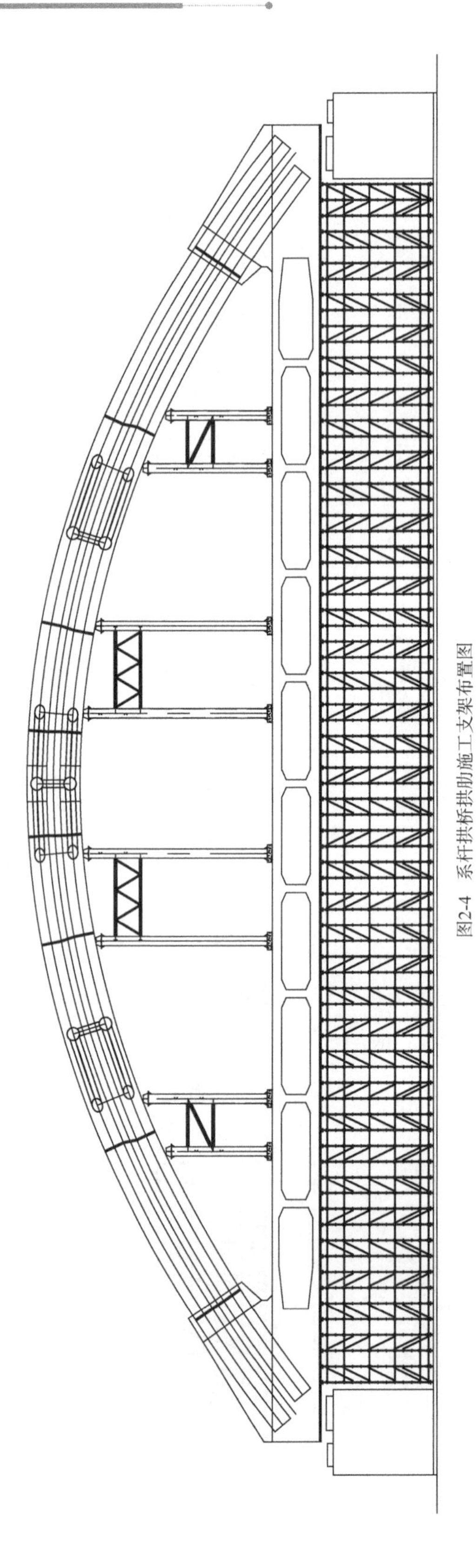

图2-4 系杆拱桥拱肋施工支架布置图

2.2 系梁与盘扣式支架协同受力简化模型

为方便计算,对系梁与支架进行简化分析,将此支架结构看作系梁的弹性地基,将系梁看作长度为 L、刚度为 EI 的地基梁,各个盘扣架立杆视为温克尔弹簧,弹簧刚度为 c,分析时仅考虑盘扣架立杆的刚度。系梁与支架的协同受力分析模型可简化为如图 2-5 所示,图中以系梁变形前的左端截面中部为坐标原点,水平向右为 x 轴正方向,竖直向下为 y 轴正方向。分析计算时不考虑系梁预应力张拉的影响,忽略系梁横隔板对截面刚度的影响。

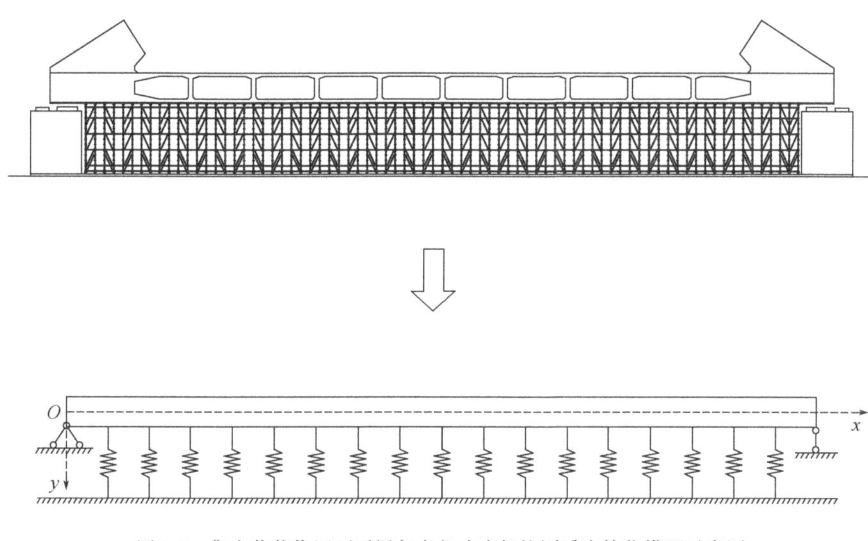

图 2-5 集中荷载作用下系梁与盘扣式支架协同受力简化模型示意图

2.3 系梁与盘扣式支架协同受力公式推导

2.3.1 温克尔弹性地基梁理论

弹性地基梁是指放置在具有一定弹性的地基上,各点与地基紧密相贴的梁。作用在弹性地基梁上的荷载可以分布到面积较大的地基上,因此可以提高地基的承载能力,如铁路的枕木、混凝土条形基础等。弹性地基梁是无穷多次超静定结构,有多个弹簧支点,地基反力与梁上荷载、梁的截面尺寸、材料及地基介质均有关。

温克尔弹性地基梁理论由温克尔于 1867 年提出,以温克尔假定为基础的局部变形理论认为,地基的反力大小只与该位置的地基沉降量成正比例关系,即计算弹性地基梁时,地基可以被视作无穷多个互不相关的弹簧,且某点处地基的沉降只发生在该位置地基底面范围,即:

$$y = \frac{P}{c} \tag{2-1}$$

式中:y——某点处地基沉降值;

P——单位面积上的压力强度;

c——地基刚度。

2.3.2 弹性地基梁的挠曲微分方程

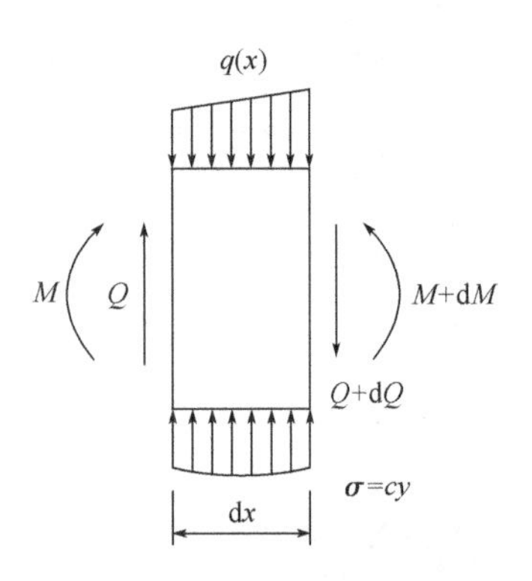

图 2-6 弹性地基梁微元受力示意图

截取系梁微段进行受力分析如图 2-6 所示。

根据力的平衡条件 $\sum F_y = 0$ 可得：

$$\frac{\mathrm{d}Q}{\mathrm{d}x} = \sigma - q(x) \tag{2-2}$$

根据力矩平衡条件 $\sum M = 0$ 可得：

$$Q = \frac{\mathrm{d}M}{\mathrm{d}x} \tag{2-3}$$

由式(2-2)和式(2-3)可得：

$$\frac{\mathrm{d}Q}{\mathrm{d}x} = \frac{\mathrm{d}^2 M}{\mathrm{d}x^2} = \sigma - q(x) \tag{2-4}$$

则系梁的挠度变形微分方程为：

$$EI\frac{\mathrm{d}^4 y}{\mathrm{d}x^4} + cy = q(x) \tag{2-5}$$

令：

$$\alpha = \sqrt[4]{\frac{c}{4EI}} \tag{2-6}$$

可将式(2-5)改写为：

$$\frac{\mathrm{d}^4 y}{\mathrm{d}x^4} + 4\alpha^4 y = \frac{4\alpha^4}{c} q(x) \tag{2-7}$$

为方便计算，用 αx 代替 x 作为变量，则有：

$$\frac{\mathrm{d}^4 y}{\mathrm{d}x^4} = \frac{\mathrm{d}^4 y}{\mathrm{d}(\alpha x)^4}\frac{\mathrm{d}(\alpha x)^4}{\mathrm{d}x^4} = \alpha^4\frac{\mathrm{d}^4 y}{\mathrm{d}(\alpha x)^4} \tag{2-8}$$

式(2-7)化简可得：

$$\frac{\mathrm{d}^4 y}{\mathrm{d}(\alpha x)^4} + 4y = \frac{4}{c} q(\alpha x) \tag{2-9}$$

式(2-9)对应的高阶常系数齐次微分方程为：

$$\frac{\mathrm{d}^4 y}{\mathrm{d}(\alpha x)^4} + 4y = 0 \tag{2-10}$$

式(2-10)的通解为：

$$y = \mathrm{e}^{\alpha x}(A_1\cos\alpha x + A_2\sin\alpha x) + \mathrm{e}^{-\alpha x}(A_3\cos\alpha x + A_4\sin\alpha x) \tag{2-11}$$

利用双曲函数：

$$\begin{cases} \sinh\alpha x = \dfrac{\mathrm{e}^{\alpha x} - \mathrm{e}^{-\alpha x}}{2} \\ \cosh\alpha x = \dfrac{\mathrm{e}^{\alpha x} + \mathrm{e}^{-\alpha x}}{2} \end{cases} \tag{2-12}$$

可将式(2-11)写为：

$$y = C_1\cosh\alpha x\cos\alpha x + C_2\cosh\alpha x\sin\alpha x + C_3\sinh\alpha x\cos\alpha x + C_4\sinh\alpha x\sin\alpha x \tag{2-13}$$

2.3.3　弹性地基梁的挠曲微分方程式的初参数解

不考虑剪切对梁挠度的影响，梁任意截面的转角 θ、弯矩 M 和剪力 Q 可用以下公式计算：

$$\begin{cases} \theta = \dfrac{\mathrm{d}y}{\mathrm{d}x} \\ M = -EI\dfrac{\mathrm{d}\theta}{\mathrm{d}x} = -EI\dfrac{\mathrm{d}^2y}{\mathrm{d}x^2} \\ Q = \dfrac{\mathrm{d}M}{\mathrm{d}x} = -EI\dfrac{\mathrm{d}^3y}{\mathrm{d}x^3} \end{cases} \tag{2-14}$$

将式(2-13)代入式(2-14)可得：

$$\theta = \alpha\begin{bmatrix} -C_1(\cosh\alpha x\sin\alpha x - \sinh\alpha x\cos\alpha x) \\ +C_2(\cosh\alpha x\cos\alpha x + \sinh\alpha x\sin\alpha x) \\ +C_3(-\sinh\alpha x\sin\alpha x + \cosh\alpha x\cos\alpha x) \\ +C_4(\sinh\alpha x\cos\alpha x + \cosh\alpha x\sin\alpha x) \end{bmatrix} \tag{2-15}$$

$$M = 2EI\alpha^2\begin{bmatrix} C_1\sinh\alpha x\sin\alpha x \\ -C_2\sinh\alpha x\cos\alpha x \\ +C_3\cosh\alpha x\sin\alpha x \\ -C_4\cosh\alpha x\cos\alpha x \end{bmatrix} \tag{2-16}$$

$$Q = 2EI\alpha^3\begin{bmatrix} C_1(\cosh\alpha x\sin\alpha x + \sinh\alpha x\cos\alpha x) \\ -C_2(\cosh\alpha x\cos\alpha x - \sinh\alpha x\sin\alpha x) \\ +C_3(\cosh\alpha x\cos\alpha x + \sinh\alpha x\sin\alpha x) \\ +C_4(\cosh\alpha x\sin\alpha x - \sinh\alpha x\cos\alpha x) \end{bmatrix} \tag{2-17}$$

为便于求解，运用初参数法。初参数法是指在解题过程中，通过适当引入与题目研究的数学对象有关联的参数，并以此作为媒介，经过分析和综合来解决数学问题。具体步骤为：设置参数→使用参数→消去参数。

将系梁初始截面即 $x=0$ 处的位移、转角、弯矩、剪力分别定义为 y_0、θ_0、M_0 以及 Q_0，即为梁的“初参数”，其值由边界条件确定。

将 $x=0$ 分别代入以上公式可得：

$$\begin{cases} y_0 = C_1 \\ \theta_0 = \alpha(C_2 + C_3) \\ M_0 = -2EI\alpha^2C_4 \\ Q_0 = 2EI\alpha^3(C_3 - C_2) \end{cases} \tag{2-18}$$

可求得 $C_1 \sim C_4$：

$$\begin{cases} C_1 = y_0 \\ C_2 = \dfrac{1}{2\alpha}\theta_0 - \dfrac{1}{4\alpha^3 EI}Q_0 \\ C_3 = \dfrac{1}{2\alpha}\theta_0 + \dfrac{1}{4\alpha^3 EI}Q_0 \\ C_4 = -\dfrac{M_0}{2\alpha^2 EI} \end{cases} \tag{2-19}$$

根据克雷洛夫函数：

$$\begin{cases} \varphi_1 = \varphi_1(\alpha x) = \cosh\alpha x \cos\alpha x \\ \varphi_2 = \varphi_2(\alpha x) = \cosh\alpha x \sin\alpha x + \sinh\alpha x \cos\alpha x \\ \varphi_3 = \varphi_3(\alpha x) = \sinh\alpha x \sin\alpha x \\ \varphi_4 = \varphi_4(\alpha x) = \cosh\alpha x \sin\alpha x - \sinh\alpha x \cos\alpha x \end{cases} \tag{2-20}$$

则梁截面的位移、转角、弯矩和剪力可表示为：

$$\begin{cases} y = y_0\varphi_1 + \theta_0 \dfrac{1}{2\alpha}\varphi_2 - M_0 \dfrac{1}{2\alpha^2 EI}\varphi_3 - Q_0 \dfrac{1}{4\alpha^3 EI}\varphi_4 \\ \theta = -y_0\alpha\varphi_4 + \theta_0\varphi_1 - M_0 \dfrac{1}{2\alpha EI}\varphi_2 - Q_0 \dfrac{1}{2\alpha^2 EI}\varphi_3 \\ M = 2y_0 EI\alpha^2\varphi_3 + \theta_0 EI\alpha\varphi_4 + M_0\varphi_1 + Q_0 \dfrac{1}{2\alpha}\varphi_2 \\ Q = 2y_0 EI\alpha^3\varphi_2 + 2\theta_0 EI\alpha^2\varphi_3 - M_0\alpha\varphi_4 + Q_0\varphi_1 \end{cases} \tag{2-21}$$

至此，运用初参数法的弹性地基梁理论求得的挠度、转角、弯矩和剪力的通解项已完全求出。

2.4 本章小结

本章为探究钢管混凝土系杆拱桥施工时盘扣式支架与系梁存在的协同受力现象，优化临时支架设计理论，引入温克尔弹性地基梁理论，构建了系梁-盘扣式支架协同受力模型，推导出系梁的位移、转角、弯矩和剪力方程，并进一步求得其通解表达式。

第 3 章 均布荷载作用下系梁与盘扣式支架协同受力研究

3.1 均布荷载作用下系梁与盘扣式支架协同受力特解项求解

当系梁仅承受满跨均布荷载 q 作用时,其特解项为:

$$\begin{cases} \Delta y_{\mathrm{q}} = q\dfrac{1}{4\alpha^4 EI}(1-\varphi_1) \\ \Delta\theta_{\mathrm{q}} = q\dfrac{1}{4\alpha^3 EI}\varphi_4 \\ \Delta M_{\mathrm{q}} = -q\dfrac{1}{2\alpha^2}\varphi_3 \\ \Delta Q_{\mathrm{q}} = -q\dfrac{1}{2\alpha}\varphi_2 \end{cases} \tag{3-1}$$

对于在弹性地基梁上作用有满跨均布荷载的情况,其位移、转角、弯矩、剪力等于通解加上均布荷载对应的特解,其表达式可表示为:

$$\begin{cases} y = y_0\varphi_1 + \theta_0\dfrac{1}{2\alpha}\varphi_2 - M_0\dfrac{1}{2\alpha^2 EI}\varphi_3 - Q_0\dfrac{1}{4\alpha^3 EI}\varphi_4 + q\dfrac{1}{4\alpha^4 EI}(1-\varphi_1) \\ \theta = -y_0\alpha\varphi_4 + \theta_0\varphi_1 - M_0\dfrac{1}{2\alpha EI}\varphi_2 - Q_0\dfrac{1}{2\alpha^2 EI}\varphi_3 + q\dfrac{1}{4\alpha^3 EI}\varphi_4 \\ M = 2y_0 EI\alpha^2\varphi_3 + \theta_0 EI\alpha\varphi_4 + M_0\varphi_1 + Q_0\dfrac{1}{2\alpha}\varphi_2 - q\dfrac{1}{2\alpha^2}\varphi_3 \\ Q = 2y_0 EI\alpha^3\varphi_2 + 2\theta_0 EI\alpha^2\varphi_3 - M_0\alpha\varphi_4 + Q_0\varphi_1 - q\dfrac{1}{2\alpha}\varphi_2 \end{cases} \tag{3-2}$$

由此,可将梁截面的各个参数均使用“初参数”进行表示,此变换后的方程相较于原方程的优势为:使用四个初参数来表示原方程中的积分常数,较大程度上对方程进行了简化,且初参数的值也可以轻易地通过梁的边界条件得出。

例如,若本桥的系梁处于简支状态,则当 $x=0$ 时,梁的位移与弯矩均为0,即$y_0=M_0=0$,对于θ_0和Q_0,可根据系梁右端的边界条件求得,当 $x=2l$ 时,梁的位移与弯矩也为0,即$y_{2l}=M_{2l}=0$,则有:

$$\begin{cases} y_l=\theta_0\dfrac{1}{2\alpha}\varphi_2\mid_{x=l}-Q_0\dfrac{1}{4\alpha^3EI}\varphi_4\mid_{x=l}+q\dfrac{1}{4\alpha^4EI}(1-\varphi_1\mid_{x=l}) \\ M_l=\theta_0EI\alpha\varphi_4\mid_{x=l}+Q_0\dfrac{1}{2\alpha}\varphi_2\mid_{x=l}-q\dfrac{1}{2\alpha^2}\varphi_3\mid_{x=l} \end{cases} \tag{3-3}$$

解得:

$$\begin{cases} \theta_0=\dfrac{q[(\varphi_1\mid_{x=2l}-1)\varphi_2\mid_{x=2l}+\varphi_3\mid_{x=2l}\varphi_4\mid_{x=2l}]}{2EI({\varphi_2}^2\mid_{x=l}+{\varphi_4}^2\mid_{x=l})\alpha^3} \\ Q_0=\dfrac{q(\varphi_2\mid_{x=2l}\varphi_3\mid_{x=2l}+\varphi_4\mid_{x=2l}-\varphi_1\mid_{x=2l}\varphi_4\mid_{x=2l})}{({\varphi_2}^2\mid_{x=l}+{\varphi_4}^2\mid_{x=l})\alpha} \end{cases} \tag{3-4}$$

式(3-4)中的初参数已经全部求出,只需将各个初参数依次代入即可得到方程的解析解。

3.2 有限元模型验证

3.2.1 模型参数

为验证推导公式,采用有限元软件 SAP2000 建立系梁和盘扣式支架的平面杆系协同受力模型,对系梁在均布荷载作用下的协同受力进行对比分析。构建模型时均采用梁单元,系梁墩顶支撑采用铰接,盘扣架采用仅受压弹性支承来模拟,主要模型参数如表 3-1 所示。

模型参数表 表 3-1

弹性模量 E(MPa)	截面惯性矩 I(m^4)	弹簧刚度 c(kN/m)
34500	21.72	547456.4

拱肋总重 20446.4kN,根据钢管立柱在系梁上的相对位置,可计算出每排立柱承担的拱肋荷载。在进行均布荷载工况对比时,按照 $q=284$kN/m。

3.2.2 公式推导与有限元计算结果对比

将表 3-1 中的参数代入推导出的计算公式中可求得系梁变形与内力的解析解,其与有限元模型计算结果的对比分析如图 3-1 ~ 图 3-3 所示。

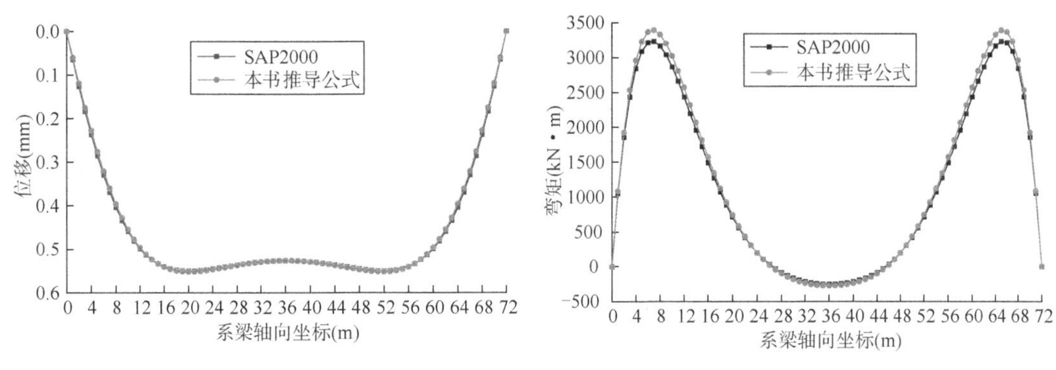

图 3-1　系梁竖向位移对比结果

图 3-2　系梁弯矩对比结果

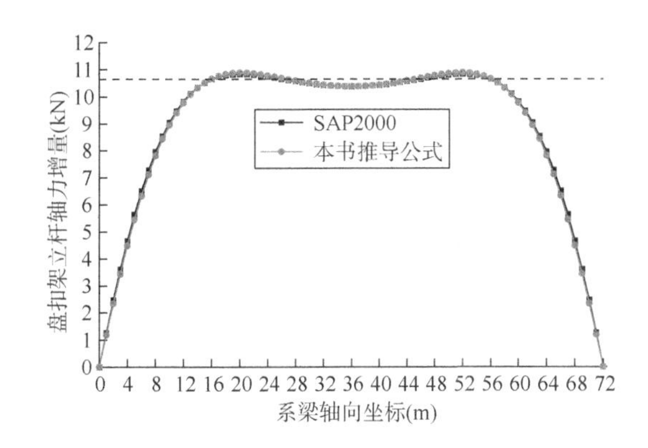

图 3-3　盘扣架立杆轴力增量对比结果

注:图中虚线表示采用传统均分方法计算得到的后期荷载作用下盘扣架的轴力增量。

从图中可以看出,本书推导公式和有限元的分析结果基本吻合。在均布荷载作用下,系梁产生倒“U”形位移,系梁的弯矩呈现“M”形,跨中甚至产生负弯矩。由系梁弯矩可计算其正应力,最大压应力与拉应力分别为0.25MPa和0.08MPa,与规范限值相比较小。

为便于分析,引入承载比概念,如式(3-5)所示:

$$\delta = \frac{\sum N_i}{P} \tag{3-5}$$

式中:δ——承载比;

$\sum N_i$——盘扣架立杆轴力增量之和;

P——后期总荷载。

根据式(3-5),均布荷载作用下为84.5%,盘扣架仍然承担了大部分的后期荷载。盘扣架立杆轴力增量与系梁变形相对应,呈现倒“U”形。均布荷载作用下,跨中部分盘扣架轴力增量则变化不大。

3.3　敏感参数影响分析

系梁混凝土弹性模量主要影响系梁的刚度,不同的混凝土强度等级意味着不同的弹性模量。图 3-4 ~ 图 3-7 表示在均布荷载作用下混凝土强度等级对系梁位移、弯矩、盘扣架轴力增量及承载比的影响,系梁最大弯矩列于表 3-2 中。

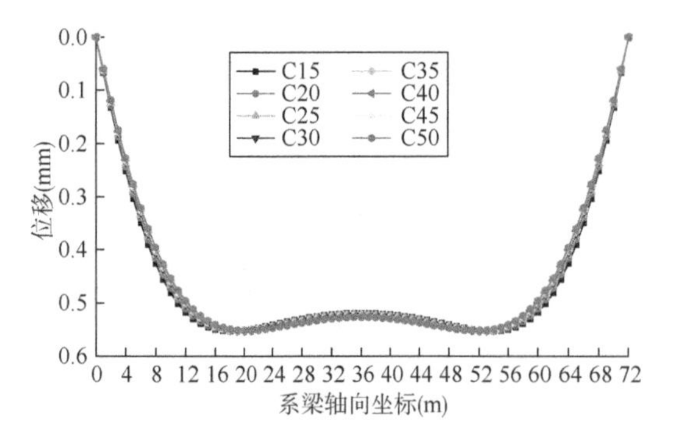

图 3-4　不同混凝土强度等级系梁位移对比结果

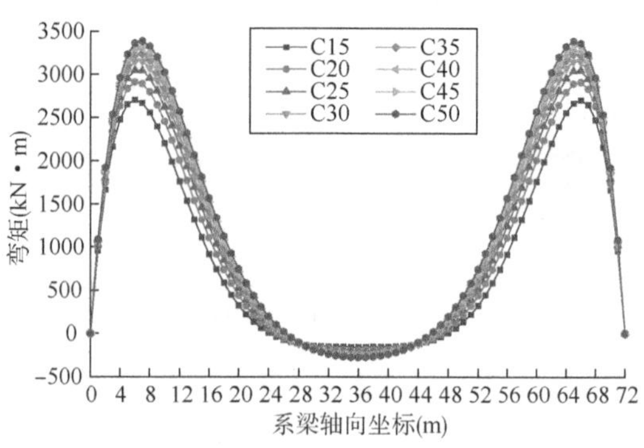

图 3-5　不同混凝土强度等级系梁弯矩对比结果

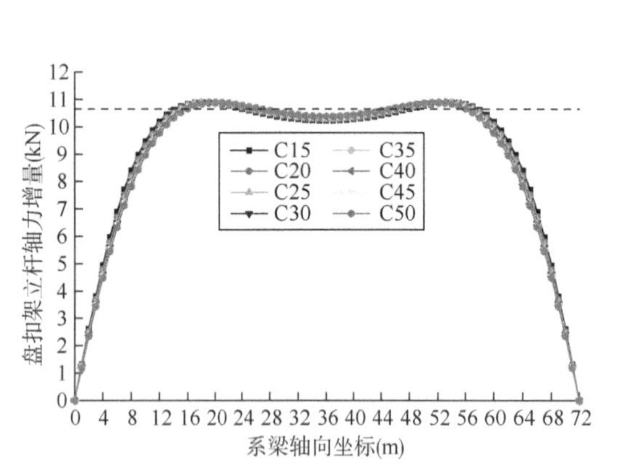

图 3-6　不同混凝土强度等级盘扣架立杆轴力增量对比结果

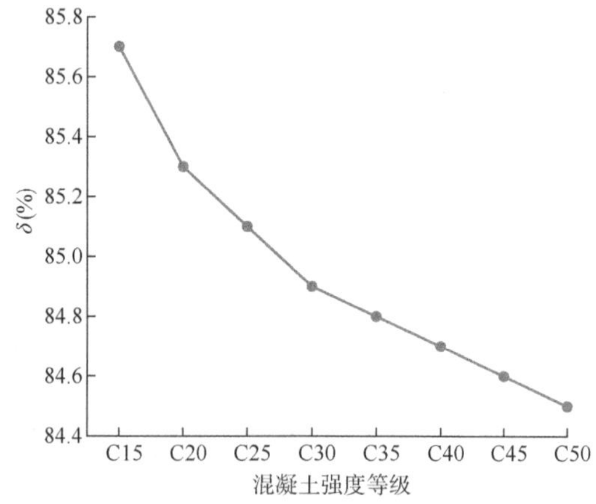

图 3-7　承载比随混凝土强度等级的变化曲线

系梁弯矩产生的正应力　　表 3-2

混凝土强度等级	C15	C20	C25	C30	C35	C40	C45	C50
最大压应力(MPa)	0.16	0.17	0.18	0.19	0.19	0.19	0.20	0.20
最大拉应力(MPa)	0.01	0.01	0.01	0.01	0.01	0.02	0.02	0.02

从图 3-4 ~ 图 3-7 中可以看出,混凝土强度等级对于系梁位移及盘扣架立杆轴力增量的影响很小,这就意味着预应力张拉时机对于盘扣架的受力影响不大。随着混凝土强度等级也就是弹性模量的增大,最大弯矩逐渐增大,意味着随着刚度的增加,混凝土系梁分担的荷载逐渐增加。在均布荷载作用下,随着混凝土强度等级的增大,承载比逐渐减小。

3.4　系梁截面高度影响分析

系梁截面高度主要影响系梁的刚度,截面尺寸参数列于表 3-3 中,图 3-8 ~ 图 3-11 表示在均布荷载作用下系梁截面高度对系梁位移、弯矩、盘扣架立杆轴力增量及承载比的影响,系梁最大正应力列于表 3-4 中。

截面尺寸参数表　　表3-3

截面高度(m)	1.8	2.3	2.8	3.3	3.8
截面惯性矩(m^4)	7.21	13.34	21.72	32.58	46.16

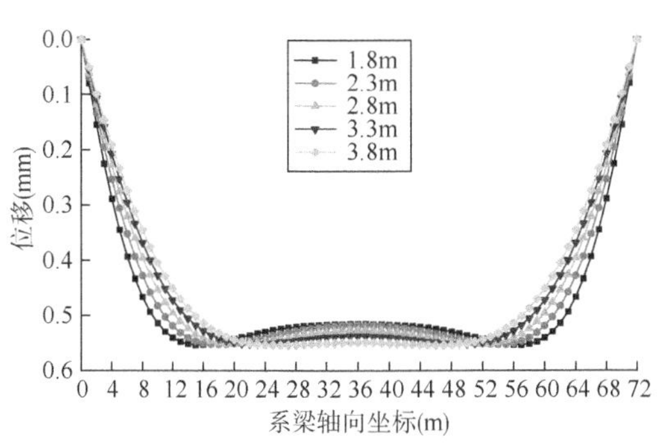

图3-8　不同截面高度系梁位移对比结果

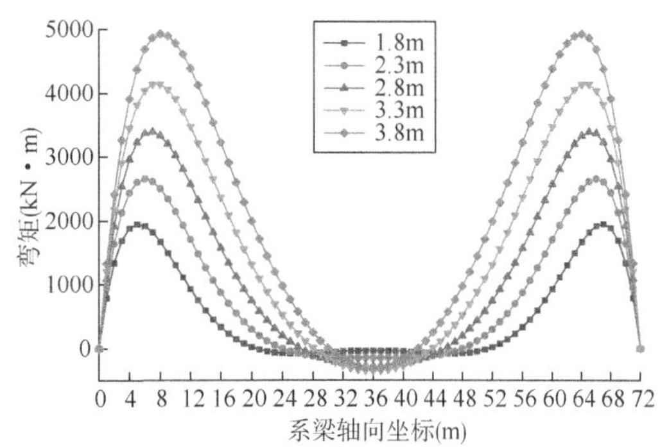

图3-9　不同截面高度系梁弯矩对比结果

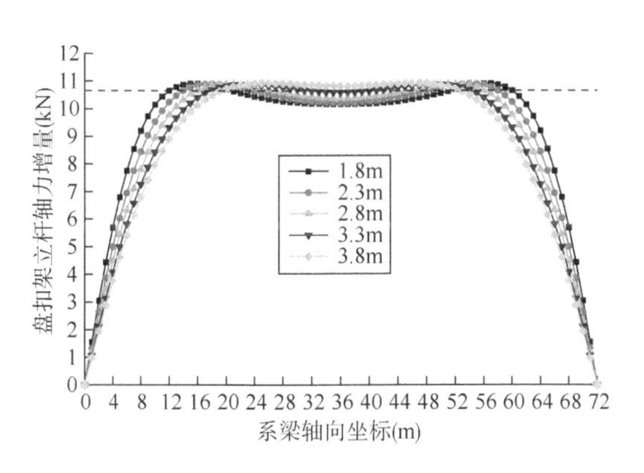

图3-10　不同截面高度盘扣架立杆轴力增量对比结果

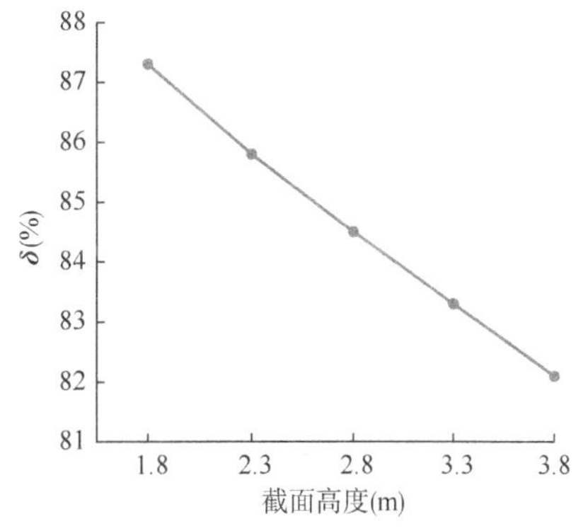

图3-11　承载比随截面高度的变化曲线

系梁弯矩产生的正应力　　表3-4

截面高度(m)	1.8	2.3	2.8	3.3	3.8
最大压应力(MPa)	0.22	0.21	0.20	0.19	0.19
最大拉应力(MPa)	0.01	0.01	0.02	0.02	0.01

从图3-8～图3-11中可以看出,不同截面高度对于系梁位移和盘扣架立杆轴力的影响很小,随着截面高度的增大,最大弯矩逐渐增大。在均布荷载作用下,随着系梁截面高度的增大,承载比逐渐减小。

3.5　盘扣架刚度影响分析

盘扣架布置间距及其相应等效计算刚度列于表3-5中。

盘扣架刚度信息表 表3-5

类型	纵向间距(m)	横向间距(m)	单根立杆刚度(kN/m)	等效刚度(kN/m)
ϕ48mm×3.2mm(标准型)	0.9	0.6	15566.6	648609.6
	0.9	0.9	15566.6	432406.4
	0.9	1.2	15566.6	324304.8
ϕ60mm×3.2mm(重型)	0.9	0.6	19708.4	821184.6
	0.9	0.9	19708.4	547456.4
	0.9	1.2	19708.4	410592.3

图3-12~图3-15分别为在均布荷载作用下系梁的位移、弯矩、盘扣架轴力增量及承载比计算结果,系梁最大弯矩列于表3-6中。

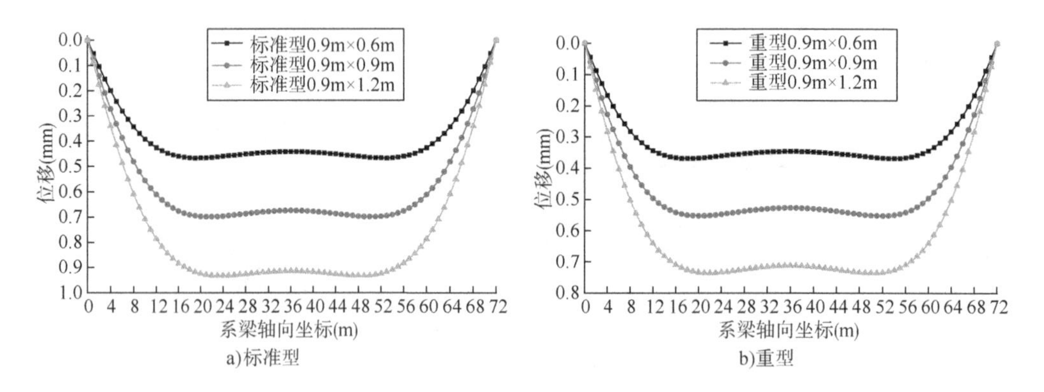

图3-12 均布荷载作用下不同盘扣架布置系梁位移对比结果

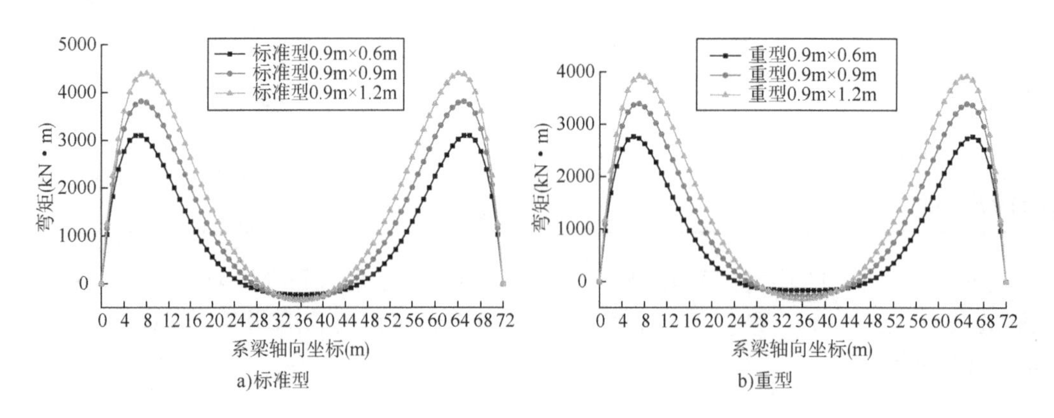

图3-13 均布荷载作用下不同盘扣架布置系梁弯矩对比结果

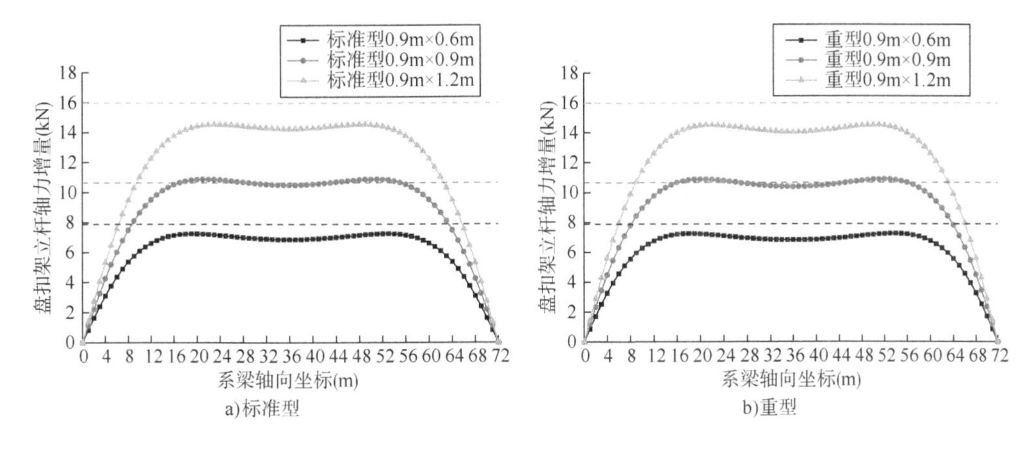

图 3-14 均布荷载作用下不同盘扣架布置立杆轴力增量对比结果

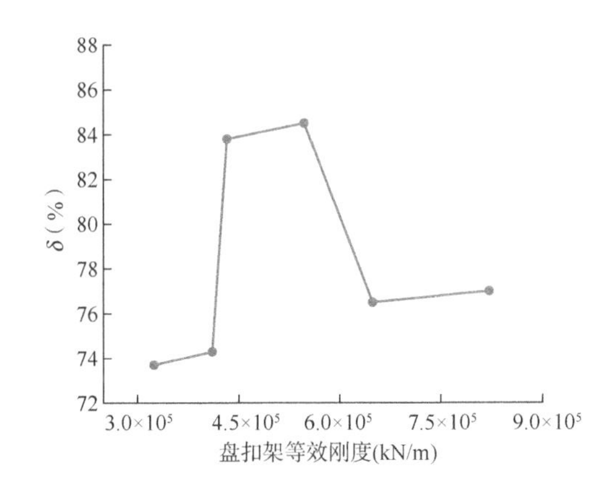

图 3-15 承载比随盘扣架等效刚度的变化曲线

系梁弯矩产生的正应力 表 3-6

盘扣架布置	标准型盘扣架			重型盘扣架		
	0.9m×0.6m	0.9m×0.9m	0.9m×1.2m	0.9m×0.6m	0.9m×0.9m	0.9m×1.2m
最大压应力(MPa)	0.18	0.22	0.26	0.16	0.20	0.23
最大拉应力(MPa)	0.01	0.02	0.02	0.01	0.02	0.02

从图中可以看出,在均布荷载作用下,盘扣架的布置对系梁的位移、弯矩、盘扣架立杆的轴力增量及承载比均影响较大。

3.6 本章小结

(1)结合系梁-盘扣式支架协同受力情况推导出均布荷载作用下系梁变形的挠曲线微分方程并求解,给出了系梁变形、内力及盘扣架立杆轴力的计算方法,得到了盘扣架立杆轴力增量的分布规律。该模型数学形式简单,力学概念清晰,计算快捷简便,便于工程使用。

(2)以某跨径72m下承式钢管混凝土拱桥为研究对象进行了协同受力计算,并将系梁位移、弯矩、盘扣架立杆轴力增量与有限元进行对比分析。结果表明:均布荷载作用下,跨中部分盘扣架立杆轴力增量则变化不大。

(3)混凝土强度等级对于系梁位移及盘扣架立杆轴力增量的影响很小,对于系梁弯矩的影响稍大;系梁截面高度对于系梁位移及盘扣架立杆轴力增量的影响很小,对于系梁弯矩的影响较大;盘扣架的布置对系梁的位移、弯矩及盘扣架立杆轴力增量均影响较大。

(4)在后期均布荷载作用下,混凝土系梁应力较小,能够满足协同受力要求。支架承载比变化不大,盘扣架承担了大部分的后期荷载,其承载比在73% ~88%之间,适当考虑系梁的承载作用可以减少盘扣架的材料用量。

第 4 章 集中荷载作用下系梁与盘扣式支架协同受力研究

4.1 集中荷载作用下系梁与盘扣式支架协同受力特解项求解

当系梁仅承受单个集中荷载作用时,计算图示如图 4-1 所示。

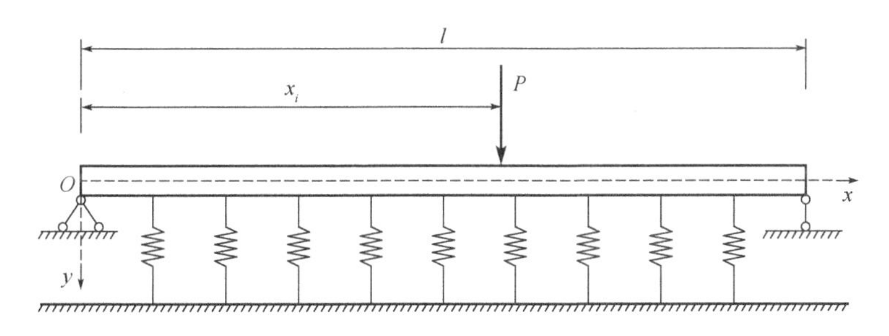

图 4-1 集中荷载作用下系梁与盘扣式支架协同受力计算模型图

当 $x > x_i$,将坐标轴原点移至 x_i 点,则该点的变形连续条件为:

$$\begin{cases} y_i = 0 \\ \theta_i = 0 \\ M_i = 0 \\ Q_i = -P \end{cases} \tag{4-1}$$

以上初参数代入式(2-21)可得:

$$\begin{cases} \Delta y_{\mathrm{P}} = P\dfrac{1}{4\alpha^3 EI}\varphi_{4\alpha(x-x_i)} \\ \Delta \theta_{\mathrm{P}} = P\dfrac{1}{2\alpha^2 EI}\varphi_{3\alpha(x-x_i)} \\ \Delta M_{\mathrm{P}} = -P\dfrac{1}{2\alpha}\varphi_{2\alpha(x-x_i)} \\ \Delta Q_{\mathrm{P}} = -P\varphi_{1\alpha(x-x_i)} \end{cases} \tag{4-2}$$

当 $x<x_i$,式(4-1)不存在,即该梁段上只有通解项,集中荷载不产生的特解项。

对于在弹性地基梁上同时作用有多个集中荷载的情况,其位移、转角、弯矩、剪力的完整解答,就等于通解项加上所有与相应外荷载有关的特解项。其表达式可表示为:

$$\begin{cases} y = y_0\varphi_1 + \theta_0\dfrac{1}{2\alpha}\varphi_2 - M_0\dfrac{1}{2\alpha^2 EI}\varphi_3 - Q_0\dfrac{1}{4\alpha^3 EI}\varphi_4 + \sum\limits_{i=1}^{n}P_i\dfrac{1}{4\alpha^3 EI}\varphi_{4\alpha(x-x_i)} \\ \theta = -y_0\alpha\varphi_4 + \theta_0\varphi_1 - M_0\dfrac{1}{2\alpha EI}\varphi_2 - Q_0\dfrac{1}{2\alpha^2 EI}\varphi_3 + \sum\limits_{i=1}^{n}P_i\dfrac{1}{2\alpha^2 EI}\varphi_{3\alpha(x-x_i)} \\ M = 2y_0 EI\alpha^2\varphi_3 + \theta_0 EI\alpha\varphi_4 + M_0\varphi_1 + Q_0\dfrac{1}{2\alpha}\varphi_2 - \sum\limits_{i=1}^{n}P_i\dfrac{1}{2\alpha}\varphi_{2\alpha(x-x_i)} \\ Q = 2y_0 EI\alpha^3\varphi_2 + 2\theta_0 EI\alpha^2\varphi_3 - M_0\alpha\varphi_4 + Q_0\varphi_1 - \sum\limits_{i=1}^{n}P_i\varphi_{1\alpha(x-x_i)} \end{cases} \tag{4-3}$$

由此,可将梁截面的各个参数均使用“初参数”进行表示,此变换后的方程使用四个初参数来表示原方程中的积分常数,较大程度上对方程进行了简化,且初参数的值也可通过梁的边界条件得出。

系杆拱主梁浇筑时为简支状态,对梁的左端,即 $x=0$ 时,$y_0=0$,$M_0=0$;对梁的右端,即 $x=l$ 时,$y_l=0$,$M_l=0$。则有:

$$\begin{cases} y_l = \theta_0\dfrac{1}{2\alpha}\varphi_2\big|_{x=l} - Q_0\dfrac{1}{4\alpha^3 EI}\varphi_4\big|_{x=l} + \sum\limits_{i=1}^{n}P_i\Big|\dfrac{1}{4\alpha^3 EI}\varphi_{4\alpha(x-x_i)}\big|_{x=l} = 0 \\ M_l = \theta_0 EI\alpha\varphi_4\big|_{x=l} + Q_0\dfrac{1}{2\alpha}\varphi_2\big|_{x=l} - \sum\limits_{i=1}^{n}P_i\dfrac{1}{2\alpha}\varphi_{2\alpha(x-x_i)}\big|_{x=l} = 0 \end{cases} \tag{4-4}$$

为方便计算,令:

$$\begin{cases} y_P = \sum\limits_{i=1}^{n}P_i\dfrac{1}{4\alpha^3 EI}\varphi_{4\alpha(x-x_i)}\big|_{x=l} \\ M_P = -\sum\limits_{i=1}^{n}P_i\dfrac{1}{2\alpha}\varphi_{2\alpha(x-x_i)}\big|_{x=l} \end{cases} \tag{4-5}$$

将式(4-5)代入式(4-4),可解得初参数:

$$\begin{cases} \theta_0 = \dfrac{M_P\varphi_4\big|_{x=l} + 2\alpha^2 y_P EI\varphi_2\big|_{x=l}}{\alpha EI(\varphi_2{}^2\big|_{x=l} + \varphi_4{}^2\big|_{x=l})} \\ Q_0 = \dfrac{2\alpha M_P\varphi_2\big|_{x=l} + 2\alpha^3 y_P EI\varphi_4\big|_{x=l}}{\varphi_2{}^2\big|_{x=l} + \varphi_4{}^2\big|_{x=l}} \end{cases} \tag{4-6}$$

集中荷载作用下高阶常系数微分方程中的初参数已全部求出,将初参数代回方程中即可得到解析解。

4.2　有限元模型验证

4.2.1　模型参数

为对推导公式进行验证，采用有限元软件SAP2000建立系梁和盘扣式支架的平面杆系协同受力模型，对系梁在集中荷载作用下的协同受力进行对比分析。模型构建时均采用梁单元，系梁墩顶支撑采用铰接，盘扣架采用仅受压弹性支承来模拟，主要模型参数如表4-1所示。

模型参数表　　表4-1

弹性模量 E(MPa)	截面惯性矩 I(m^4)	弹簧刚度 c(kN/m)
34500	21.72	547456.4

拱肋总重20446.4kN，根据钢管立柱在系梁上的相对位置，可计算出每排立柱承担的拱肋荷载。系梁受到拱肋传递的集中荷载如表4-2所示。

集中荷载信息表　　表4-2

编号	集中荷载(kN)	距系梁左端距离(m)
F_1	2125.3	15.0
F_2	2102.2	18.0
F_3	2361.0	27.0
F_4	2147.0	32.0
F_5	2147.0	40.0
F_6	2361.0	45.0
F_7	2102.2	54.0
F_8	2125.3	57.0

4.2.2　公式推导与有限元计算结果对比

将表4-1、表4-2中的参数代入推导出的计算公式中可求得系梁变形与内力的解析解，其与有限元模型计算结果的对比分析如图4-2～图4-4所示，计算结果列入表4-3中。

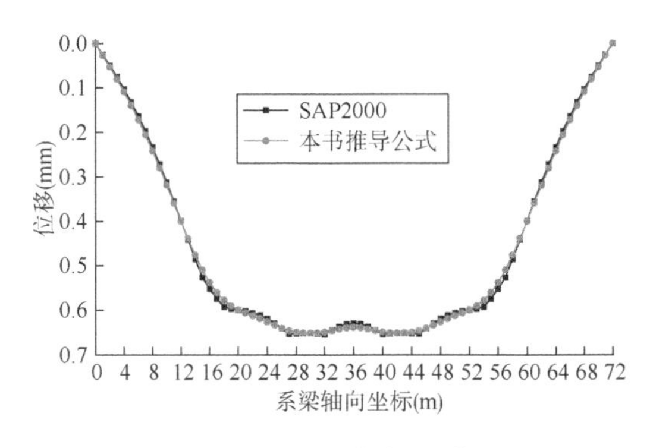

图4-2　系梁竖向位移对比结果

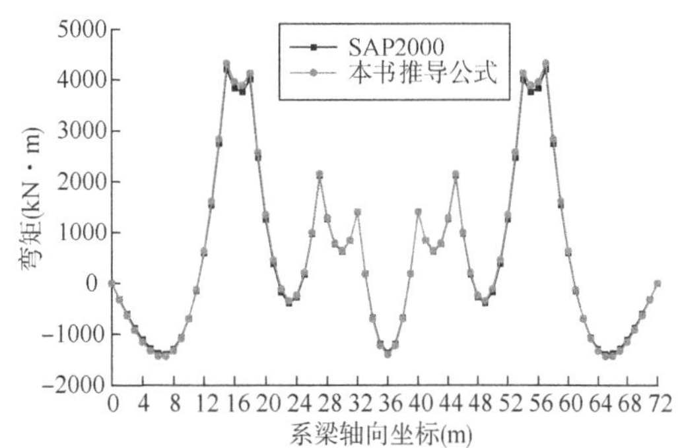

图4-3　系梁弯矩对比结果

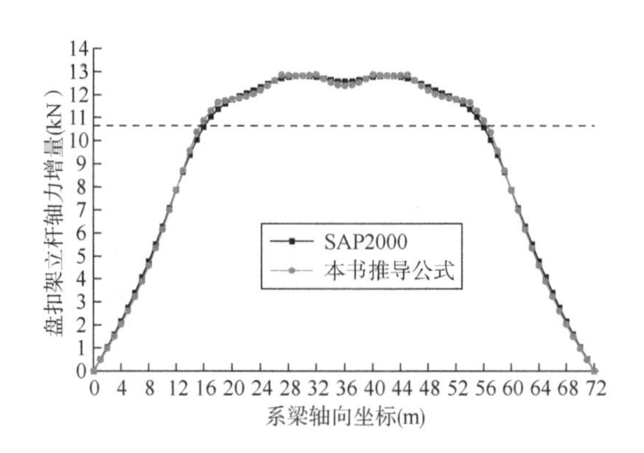

图4-4　盘扣架立杆轴力增量对比结果

注:图中虚线表示采用传统均分方法计算得到的后期荷载作用下盘扣架立杆的轴力增量。

集中荷载作用下对比验证结果汇总表　　表4-3

计算结果	SAP2000计算结果	解析解
最大位移(mm)	-0.654	-0.651
最大弯矩(kN·m)	4208.77	4323.02

从图中可以看出,集中荷载作用下有限元计算与公式推导所得的最大位移相对误差为0.43%,最大弯矩相对误差为2.64%。最大位移和最大弯矩都出现在靠近支座的集中荷载作用处,本书推导公式计算结果和有限元的分析结果基本吻合。在集中荷载作用下,系梁产生"U"形位移,集中荷载作用处产生弯矩的突变转折。由系梁弯矩可计算其正应力,最大压应力与拉应力分别为0.25MPa和0.08MPa,与规范限值相比较小。

根据承载比计算式,集中荷载作用下盘扣架的承载比为85.1%,盘扣架承担了大部分的后期荷载。盘扣架立杆轴力增量与系梁变形相对应,呈现倒"U"形。在荷载作用下,与传统均分方法相比,跨中部分盘扣架立杆轴力增量有所变大,越靠近支座,盘扣架立杆轴力增量越小,桥墩支点处盘扣架立杆轴力增量为零。在实际集中荷载作用下,采用传统均分方法计算盘扣架立杆轴力增量偏于不安全。

4.3　敏感参数影响分析

由解析公式推导部分可知,系梁弹性模量、系梁截面尺寸和盘扣架刚度都会对协同受力分析结果产生影响,因此取上述三个因素进行敏感参数分析。

4.3.1　混凝土强度等级影响分析

对于系梁弹性模量,该计算所依托的系杆拱桥系梁混凝土强度等级为C50,为分析混凝土强度变化对协同受力的影响,按其强度变化规律,取混凝土强度等级为C15~C45作为对照组进行对比分析,不同的混凝土强度等级意味着不同的弹性模量。弹性模量敏感性分析取值列于表4-4中。

弹性模量分析参数表　　　　表4-4

混凝土强度等级	C15	C20	C25	C30	C35	C40	C45	C50
弹性模量 E(MPa)	22000	25500	28000	30000	31500	32500	33500	34500
弹性模量变化百分比(%)	63.8	73.9	81.2	87.0	91.3	94.2	97.1	100

图4-5～图4-8为集中荷载作用下系梁的位移、弯矩、盘扣架轴力增量及承载比计算结果，系梁最大正应力列于表4-5中。

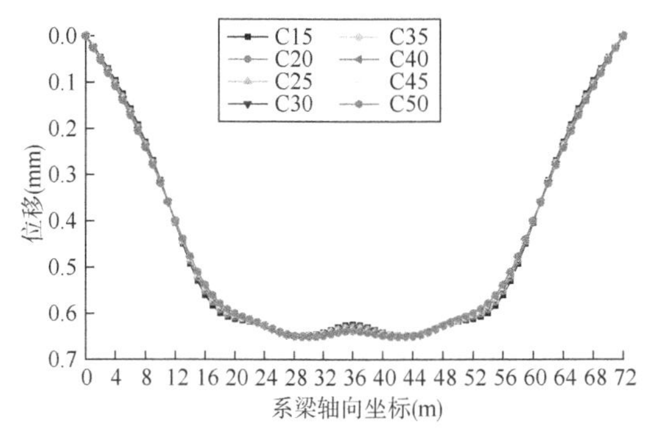

图4-5　不同混凝土强度等级系梁位移对比结果

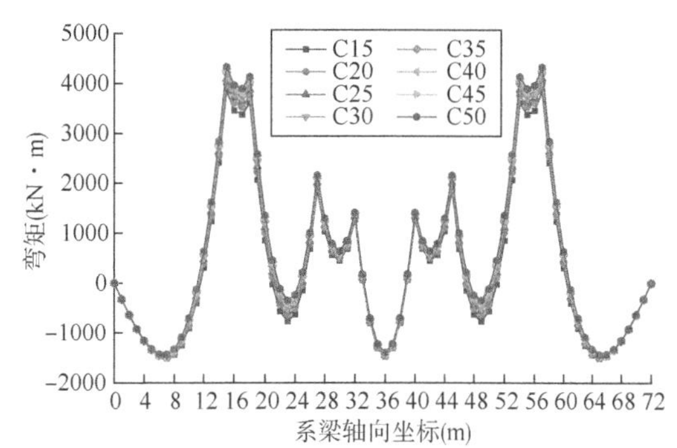

图4-6　不同混凝土强度等级系梁弯矩对比结果

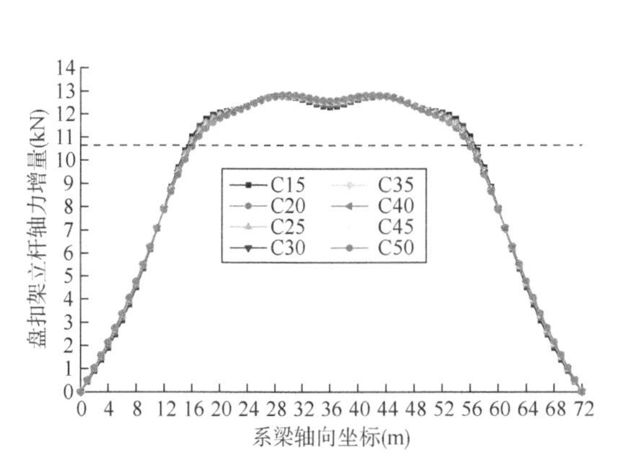

图4-7　不同混凝土强度等级盘扣架立杆轴力增量对比结果

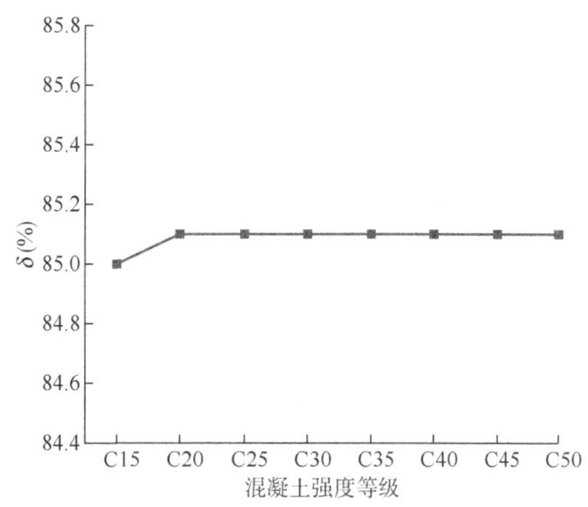

图4-8　承载比随混凝土强度等级的变化曲线

系梁最大正应力　　　　表4-5

混凝土强度等级	C15	C20	C25	C30	C35	C40	C45	C50
最大压应力(MPa)	0.23	0.23	0.24	0.24	0.25	0.25	0.25	0.25
最大拉应力(MPa)	0.09	0.09	0.09	0.09	0.09	0.09	0.08	0.08

混凝土强度等级由C15增大到C50过程中，集中荷载作用下的系梁-盘扣架协同受力位移计算结果变化并不明显，位移曲线基本保持重合，对照组位移曲线围绕C50位移曲线上下波动，波动范围小于1%。集中荷载作用下的协同受力弯矩对比计算结果曲线趋势基本一致，最大弯矩随混凝土强度等级增大而增大，在15～18m和54～57m范围内相对差值较大，强度等级小于C20时相对差值较为明显，荷载作用下的C15混凝土与C50混凝土弯矩相对差值为

10.9%。支架承载比、系梁最大压应力和最大拉应力也基本没有变化。

从上述分析可知,混凝土强度等级的变化对于系梁位移及盘扣架立杆轴力增量的影响很小,随着混凝土强度等级也就是弹性模量的增大,最大弯矩逐渐增大,意味着随着刚度的增加,混凝土系梁分担的荷载逐渐增加,承载比基本不变。

4.3.2 系梁截面高度影响分析

计算所取截面高度为2.8m,为分析系梁截面尺寸对协同受力的影响,取梁高分别减小1.0m、减小0.5m、增大0.5m和增大1.0m,即梁高1.8m、2.3m、3.3m、3.8m作为对照组。对照组截面变化时系梁顶板和底板厚度不变,只改变腹板高度。截面尺寸敏感性分析取值列于表4-6中。

截面尺寸参数表 表4-6

截面高度(m)	1.8	2.3	2.8	3.3	3.8
截面惯性矩 $I(m^4)$	7.21	13.34	21.72	32.58	46.16
系梁截面惯性矩变化百分比(%)	33.2	61.4	100	150.0	212.5

图4-9~图4-12分别为集中荷载作用下系梁的位移、弯矩、盘扣架轴力增量及承载比计算结果,系梁最大正应力列于表4-7中。

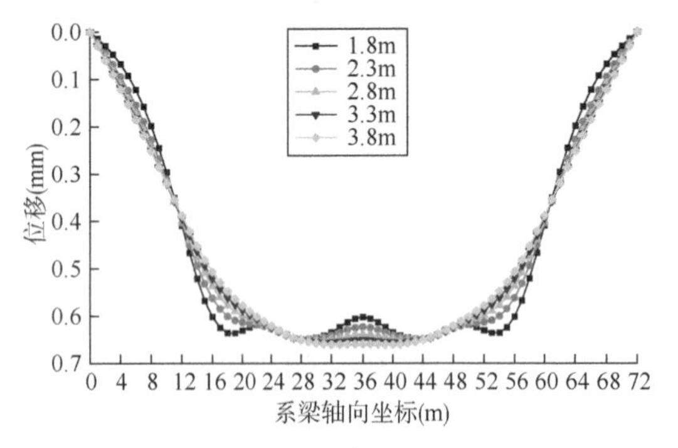

图4-9 不同截面高度系梁位移对比结果

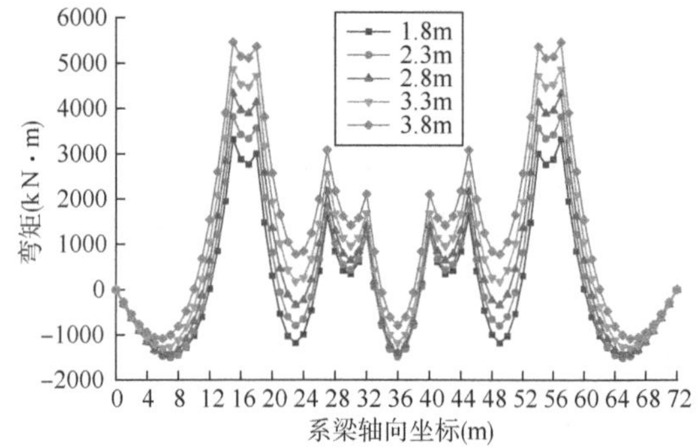

图4-10 不同截面高度系梁弯矩对比结果

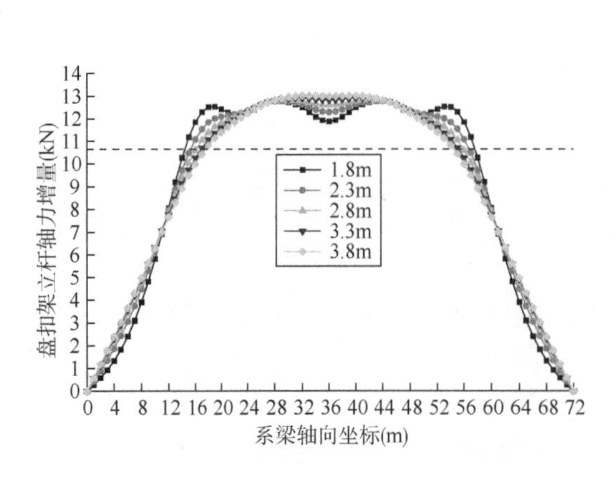

图4-11 不同截面高度盘扣架立杆轴力增量对比结果

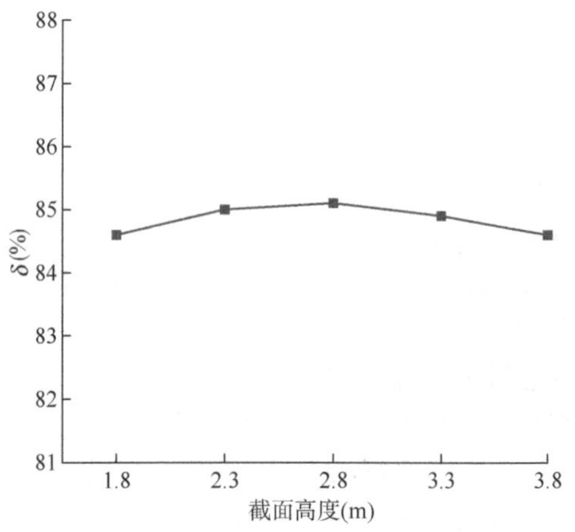

图4-12 承载比随截面高度的变化曲线

系梁最大正应力　表4-7

截面高度(m)	1.8	2.3	2.8	3.3	3.8
最大压应力(MPa)	0.38	0.30	0.25	0.23	0.21
最大拉应力(MPa)	0.16	0.12	0.08	0.06	0.04

当系梁截面高度改变时,集中荷载作用下的系梁位移峰值相差不大,差值均小于相应2.8m梁高位移的1%,但从整体变化趋势来看差别较为明显。集中荷载作用下截面高度增大时,其跨中位移增大,位移自支座向跨中方向呈单调增大趋势,整体位移随截面高度增大趋于圆滑;位移大于0.6mm的区段分布在22~50m范围内,占总长度38.9%。截面高度减小时,位移从支点向跨中最大位移处过渡距离更短,跨中位移有减小趋势;位移大于0.6mm的区段分布在16~56m范围内,占总长度55.6%,且在该区段内位移呈波浪形上下波动,截面高度越小波动越明显。

改变截面高度时弯矩整体分布趋势相同,弯矩大小与截面高度成正比关系,梁高增加0.5m和1.0m时最大弯矩分别增大12.6%和26.2%,梁高减小0.5m和1.0m时最大弯矩分别减小11.7%和23.2%。弯矩峰值位于15m和57m的集中荷载作用点处,系梁上正弯矩区的弯矩均随截面高度增大而增大,负弯矩区的弯矩则随截面高度增大而减小。

综上,不同截面高度对于系梁位移和盘扣架立杆轴力的影响很小,随着截面高度的增大,最大弯矩逐渐增大,承载比变化不大。

4.3.3　盘扣架刚度影响分析

该盘扣式支架立杆规格为ϕ60mm×3.2mm重型,立杆水平间距为0.9m×0.9m,最大水平步距为1.5m。在实际工程中ϕ48mm×3.2mm标准型应用同样广泛,立杆水平布置间距也有多种组合形式,为探究盘扣架型号和布置间距对协同受力的影响,对重型和标准型盘扣架横向间距仍取0.9m,纵向间距分别取0.6m、0.9m和1.2m计算分析。盘扣架刚度敏感性分析取值列于表4-8中。

盘扣架刚度信息表　表4-8

类型	纵向间距(m)	横向间距(m)	单根立杆刚度c(kN/m)	等效刚度k_{eq}(kN/m)	刚度变化百分比(%)
ϕ48mm×3.2mm(标准型)	0.9	0.6	15566.6	648609.6	118.5
	0.9	0.9	15566.6	432406.4	79.0
	0.9	1.2	15566.6	324304.8	59.2
ϕ60mm×3.2mm(重型)	0.9	0.6	19708.4	821184.6	150.0
	0.9	0.9	19708.4	547456.4	100
	0.9	1.2	19708.4	410592.3	75.0

图4-13~图4-16分别为集中荷载作用下系梁的位移、弯矩、盘扣架立杆轴力增量及承载比计算结果,系梁最大正应力列于表4-9中。

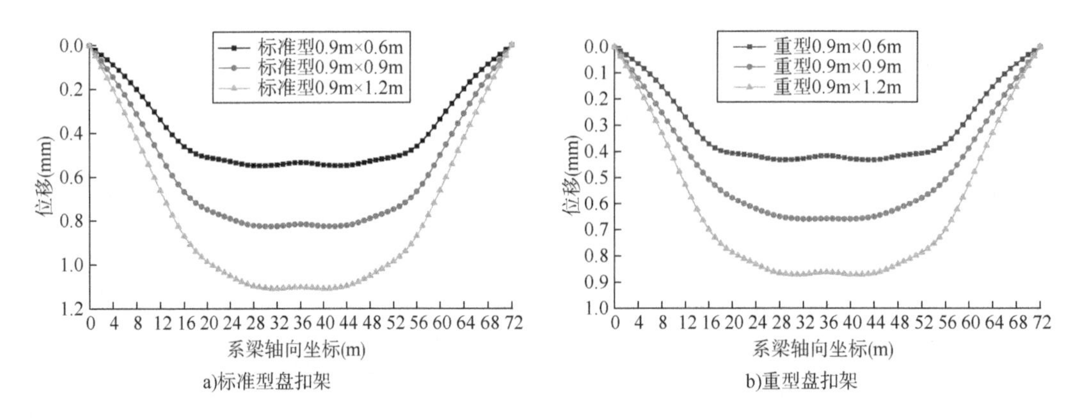

图 4-13　集中荷载作用下不同盘扣架布置系梁位移对比结果

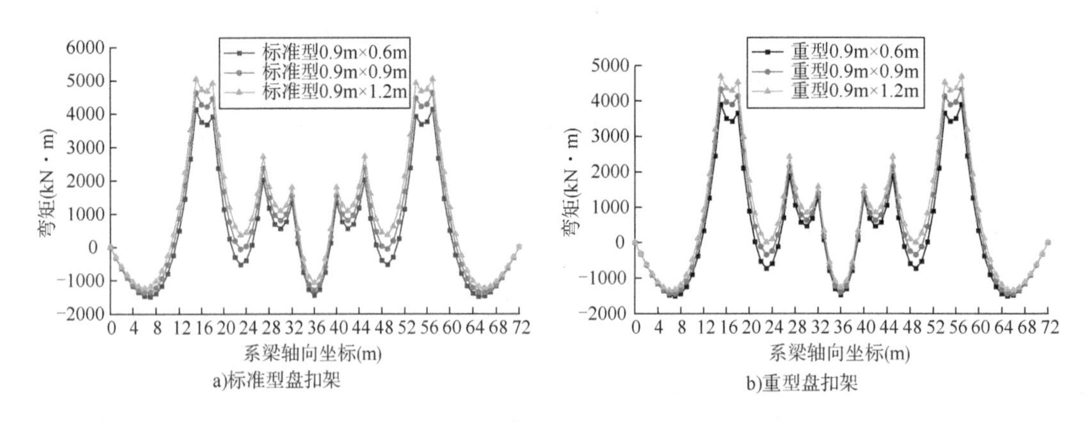

图 4-14　集中荷载作用下不同盘扣架布置系梁弯矩对比结果

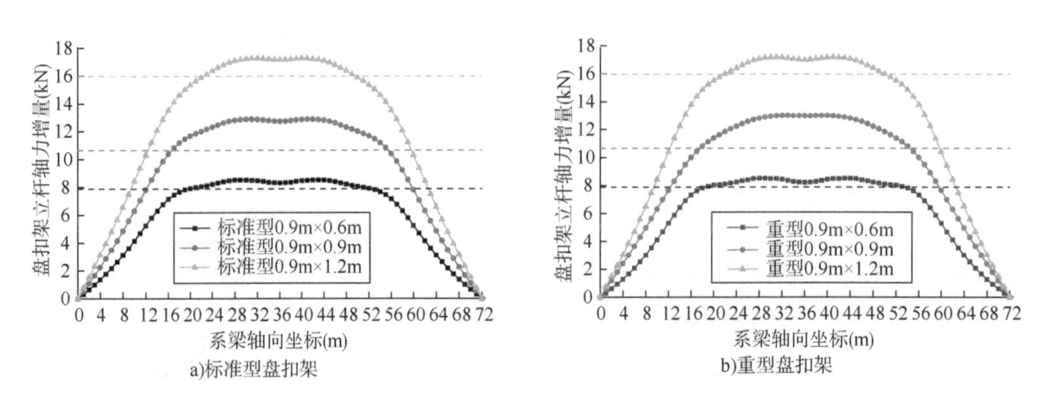

图 4-15　集中荷载作用下不同盘扣架布置立杆轴力增量对比结果

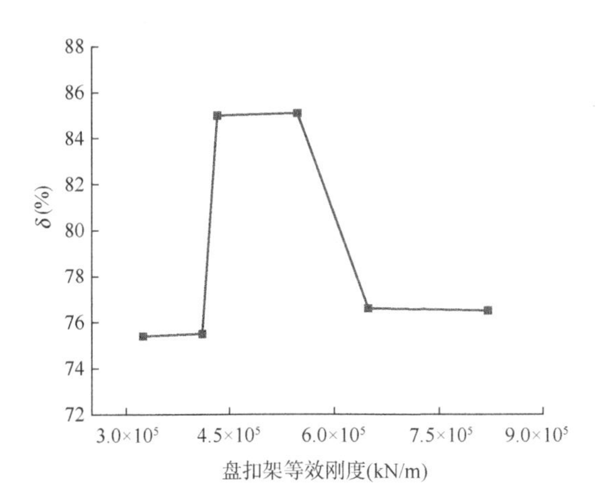

图4-16　承载比随盘扣架等效刚度的变化曲线

系梁最大正应力　　表4-9

盘扣架布置	标准型盘扣架			重型盘扣架		
	0.9m×0.6m	0.9m×0.9m	00.9m×1.2m	0.9m×0.6m	0.9m×0.9m	0.9m×1.2m
最大压应力(MPa)	0.24	0.27	0.30	0.23	0.25	0.28
最大拉应力(MPa)	0.09	0.08	0.07	0.09	0.08	0.08

由以上计算可以得出,采用标准型盘扣架且布置间距同样为0.9m×0.9m时,系梁位移增大25.3%,纵向间距调整为0.6m和1.2m时,位移相应减小17.0%和增大68.0%。对于重型盘扣架,纵向间距调整为0.6m和1.2m时,位移相应减小34.5%和增大32.04%。最大位移均位于28~32m和40~44m范围内。

对于系梁弯矩,采用标准型盘扣架且布置间距为0.9m×0.9m时,系梁弯矩峰值增大16.8%,纵向间距调整为0.6m和1.2m时,弯矩峰值相应减小4.4%和增大16.8%。对于重型盘扣架,纵向间距调整为0.6m和1.2m时,弯矩峰值相应减小10.0%和增大8.6%。弯矩峰值位于15m和57m的集中荷载作用点处,系梁上正弯矩区弯矩均随截面横向等效刚度增大而增大,负弯矩区弯矩则随截面横向等效刚度增大而减小。

承载比随盘扣架刚度增大呈先增大后减小趋势,在重型盘扣架按照0.9m×0.9m布置时承载比最大,采用0.6m×0.9m和1.2m×0.9m布置时承载比减小9%。

综上所述,在集中荷载作用下,改变盘扣架类型和布置间距对系梁位移、弯矩和承载比计算结果的影响较大,尤其是对位移计算结果的影响更为明显,因此在实际工程生产中,应慎重考虑盘扣架布置间距及型号的选择。当采用ϕ48mm×3.2mm标准型盘扣架作为施工支架时,可通过减小布置间距的方式来增强盘扣架支撑刚度。

4.4　本章小结

(1)结合系梁-盘扣式支架协同受力情况推导出在集中荷载作用下系梁变形的挠曲线微

分方程并求解，给出了系梁变形、内力及盘扣架立杆轴力的计算方法，得到了盘扣架立杆轴力增量的分布规律。该模型数学形式简单，力学概念清晰，计算快捷简便，便于工程使用。

（2）以某跨径72m下承式钢管混凝土拱桥为研究对象进行协同受力计算，并将系梁位移、弯矩、盘扣架立杆轴力增量与有限元进行对比分析。结果表明：在集中荷载作用下，与传统均分方法相比，跨中部分盘扣架立杆轴力增量有所变大，越靠近支座，盘扣架轴力增量越小，桥墩支点处盘扣架立杆轴力增量为零。在集中荷载作用下的实际工程中，采用传统均分方法计算盘扣架立杆轴力增量偏于不安全。

（3）混凝土强度等级对于系梁位移及盘扣架立杆轴力增量的影响很小，对于系梁弯矩的影响稍大；系梁截面高度对于系梁位移及盘扣架立杆轴力增量的影响很小，对于系梁弯矩的影响较大；盘扣架的布置对系梁的位移、弯矩及盘扣架立杆轴力增量影响均较大。

（4）在后期集中荷载作用下，混凝土系梁应力较小，能够满足协同受力要求。支架承载比变化不大，盘扣架承担了大部分的后期荷载，其承载比在73%～88%之间，适当考虑系梁的承载作用可以减少盘扣架的材料用量。

第5章

系杆拱桥系梁与梁柱式支架协同受力研究

5.1 贝雷梁支架

5.1.1 贝雷梁简介

贝雷梁是由贝雷片连接组成的桁架。贝雷片又称贝雷架,在第二次世界大战期间,为解决快速架设桥梁的需要,英国工程兵在1938年发明了这种便于组装运输的桁架结构,在战争结束后,这种结构被应用到工程建设中。我国于20世纪60年代开始引入贝雷梁,因其承载能力强大且使用便捷,被大规模应用到铁路、公路、市政、水利等工程项目施工中。

贝雷片由上弦杆、下弦杆、立杆和斜杆焊接组成,上、下弦杆端部分别有阴阳接头,贝雷片连接时在阴阳接头处用销轴连接。常见贝雷片长3.0m,高1.5m,单片重270kg。其构造示意图如图5-1所示。

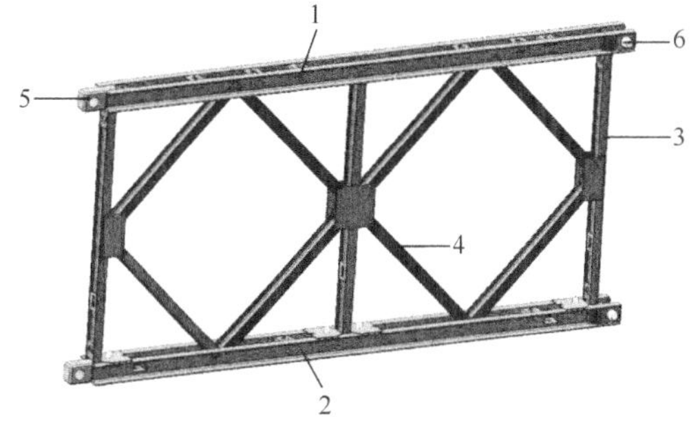

图5-1 贝雷片示意图

1-上弦杆;2-下弦杆;3-立杆;4-斜杆;5-阳头;6-阴头

贝雷片桁架单元杆件特征列于表5-1中。

贝雷梁桁架单元杆件截面特征表　　表5-1

杆件名称	材料	横断面形式	横断面积(cm^2)	理论容许承载能力(kN)
上、下弦杆	16Mn钢	][10	25.48	560
立杆	16Mn钢	I8	9.52	210
斜杆	16Mn钢	I8	9.52	171

由于贝雷片自身高度较高,单片放置时稳定性较差,因此使用时必须在横向用花窗连接,连接时花窗固定于立杆或弦杆上,常见花窗尺寸为45cm和90cm。同时花窗中间位置留有连接孔,可根据计算结果加密。当贝雷梁加密仍无法满足支架承载要求时,可对贝雷梁增加加强弦杆或使用双层贝雷梁。贝雷梁单跨桥几何特性和桁架容许内力列于表5-2、表5-3中。

贝雷梁单跨桥半边几何特性表 表5-2

几何特性	$W(cm^3)$		$I(cm^4)$	
	不加强	加强	不加强	加强
单排单层	3578.5	7699.1	250497.2	577434.4
双排单层	7157.1	15398.3	500994.4	1154868.8
三排单层	10735.6	23097.4	751491.6	1732303.2
双排双层	14817.9	30641.7	2148588.8	4596255.2
三排双层	22226.8	45962.6	3222883.2	6894390.0

贝雷梁单跨桥桁架容许内力表 表5-3

容许内力	弯矩(kN·m)		剪力(kN)	
	不加强	加强	不加强	加强
单排单层	788.2	1687.5	245.2	245.2
双排单层	1576.4	3375.0	490.5	490.5
三排单层	2246.4	4809.4	698.9	698.9
双排双层	3265.4	6750.0	490.5	490.5
三排双层	4653.2	9618.8	698.9	698.9

5.1.2 梁柱式支架在桥梁施工中的应用

常见的梁柱式支架自上而下依次为:模板(方木)→横向分配梁→纵向承重梁→横担→落架装置→立柱→扩大基础或桩基础。梁柱式支架纵向承重梁跨度较大,对其抗弯强度(截面几何特征值)要求较高,因此常采用大型号工字钢。当支架需要跨越道路或小型河流时,为尽可能减少立柱排数,承重梁的跨度会变得更大,大型号工字钢已经满足不了承载要求,这时会采用截面模量更大的贝雷片连接形成桁架,即贝雷梁作为纵向承重梁。

梁柱式支架通常用多拼工字钢作为横担,横担截面高度多为36~63cm,当横担所受荷载较大时,可将多个工字钢组焊在一起。钢管立柱多为螺旋管,直径多为529~800mm,当搭设高度过大时,可通过槽钢焊接成钢管格构柱。

某现浇桥梁梁柱式支架布置如图5-2所示。

图 5-2　梁柱式支架现场布置图

梁柱式支架施工时,主要受力构件材料不得有缺陷,钢管立柱安装时要保证竖直,不得倾斜。同时多处构件连接需进行现场焊接,对焊接工艺要求较高,各焊接点均应按照规范要求焊接并检查合格。施工时要注意结构细节的加固处理,如在集中受力点均需加焊加劲肋,防止失稳和局部破坏。

贝雷梁梁柱式支架具有以下优点:

(1)承载能力强。贝雷梁单元桁架材料为16Mn钢,材料强度高,横向间距可加密至22.5cm,还可通过加强弦杆或双层的方式增大截面模量,大大提高其承载能力,以满足支架跨越道路或河流的需求。

(2)灵活性强。贝雷梁搭设速度较快,车辆运输方便。标准贝雷片长度为3.0m,常见的非标准贝雷片长度为1.5m、2.0m,可基本满足支架搭设的尺寸要求。可通过钢管立柱调整搭设高度,支架过高时,可通过焊接钢管形成格构柱来提高其稳定性。

相比于盘扣式支架,梁柱式贝雷梁支架缺点更为明显:

(1)现场设备要求高。搭设贝雷梁支架时需要使用大型起重设备进行吊装,对于不便于大型起重设备入场的项目会增加其使用成本。

(2)焊接工艺要求高。多处构件连接需现场焊接,焊接质量的好坏直接关系到支架安全。

(3)地基承载力要求高。梁柱式支架承载的荷载由立柱传递到下方地基上,当支架架设地位于地基承载力较弱的地段时,还需进行地基处理,工艺流程较为烦琐。

5.1.3　依托工程梁柱式支架施工方案

贝雷梁梁柱式支架同样以主跨72m下承式钢管混凝土拱桥为例进行计算。梁柱式支架自上而下依次为:15mm竹胶板→10cm×10cm方木→Ⅰ10工字钢分配梁→ϕ60mm×3.2mm盘扣式支架→Ⅰ14工字钢分配梁→321标准型贝雷梁纵梁→双拼Ⅰ45a工字钢横担→ϕ630mm×10mm钢管立柱→钢筋混凝土条形基础。贝雷梁上方盘扣式支架可调节模板高度,总高度为1.5m,纵横向间距均为90cm,最大水平步距为100cm。贝雷梁横向间距为90cm,纵向支撑间距为18m,共5排钢管支撑。在系梁浇筑施工完成且混凝土强度满足要求后,可进行拱肋安装,单侧拱肋下方共设4组钢管格构柱。系梁支架布置如图5-3所示,拱肋支架布置如图5-4所示。

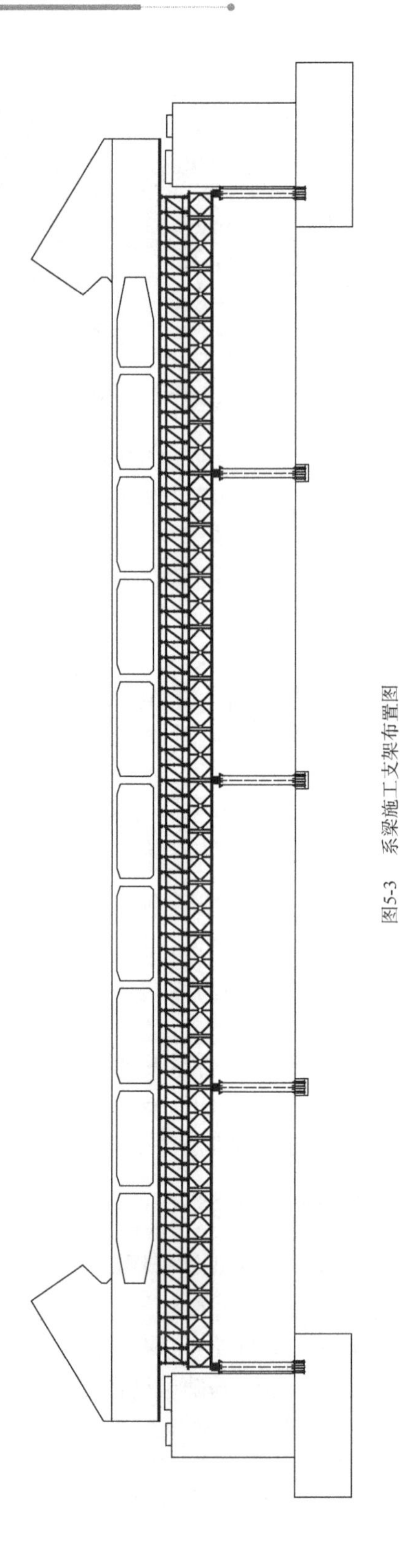

图5-3 系梁施工支架布置图

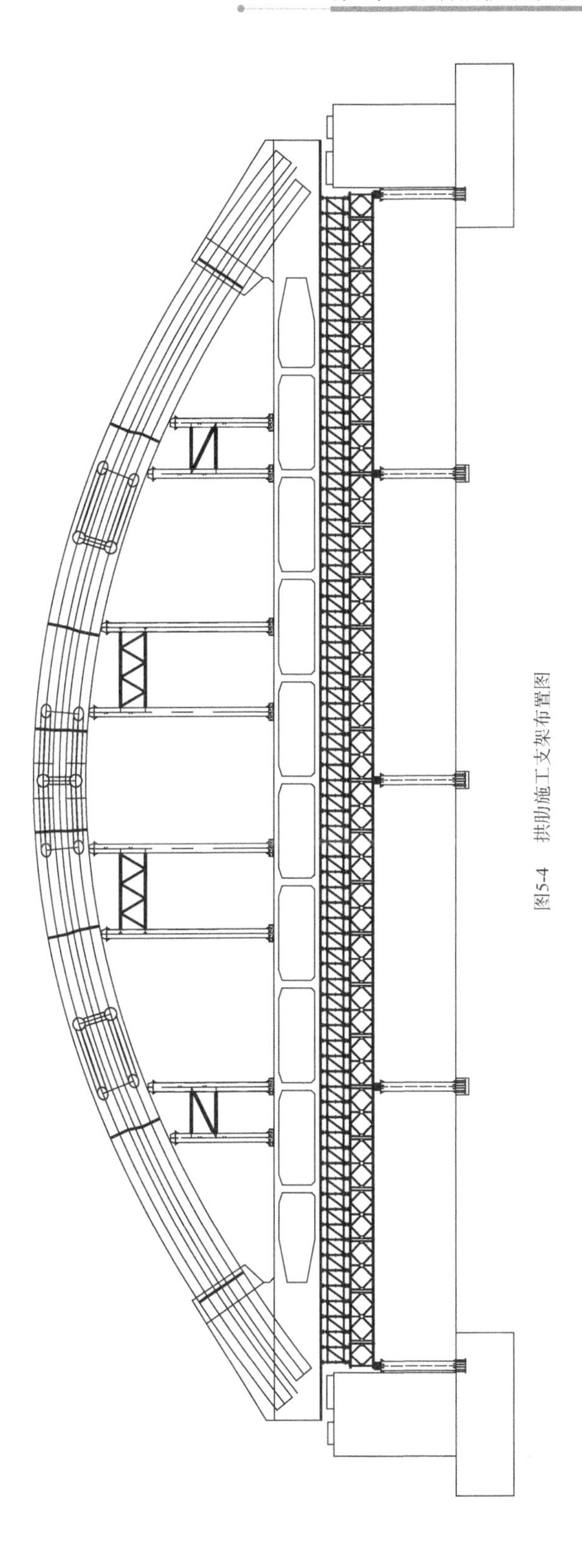

图5-4　拱肋施工支架布置图

5.2 系梁与梁柱式支架协同受力简化模型

双层梁模型简化时,将钢管混凝土系杆拱桥的混凝土系梁视作长度为 L、刚度为 E_1I_1 的均质弹性上梁,贝雷梁视作长度为 L、刚度为 E_2I_2 的均质弹性下梁,系梁下方竹胶板、方木、工字钢和盘扣架视作无穷多个刚度为 c 的连接弹簧,为方便分析,忽略夹层自重。上梁两端支撑在桥墩支座上,下梁支撑在多排工字钢横担上,为连续梁体系。计算分析时,不考虑系梁预应力张拉的影响,忽略系梁横隔板对截面刚度的影响。系梁上作用有拱肋安装时产生的荷载,简化模型示意图如图 5-5 所示。

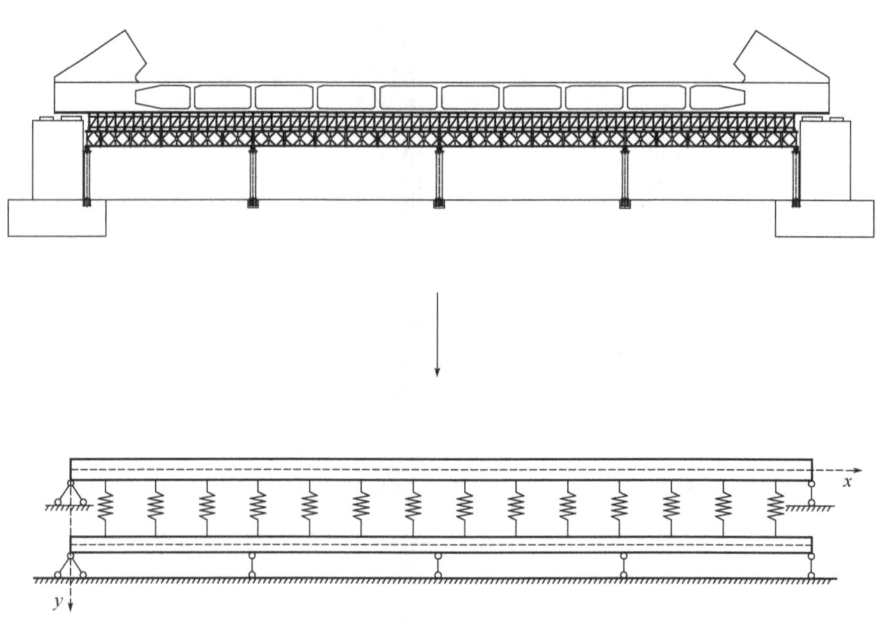

图 5-5 集中荷载作用下系梁与贝雷梁支架协同受力简化模型示意图

5.3 系梁与梁柱式支架协同受力公式推导

5.3.1 温克尔双层弹性地基梁理论

对于双层弹性地基梁,可在温克尔单层弹性地基梁基础上进一步分析。双层梁仍遵从局部变形理论,上层梁与下层梁之间的夹层视作无穷多个互不相关的弹簧,上层梁某点处地基的沉降只发生在该位置底面范围。

上梁承受夹层弹簧提供的反力可表示为:

$$y_1 - y_2 = \frac{P}{c} \tag{5-1}$$

式中:y_1——某点处上层梁变形值;

y_2——某点处下层梁变形值;

P——单位面积上的压力强度;

c——夹层刚度。

5.3.2 双层弹性地基梁的挠曲微分方程

分别截取上层梁和下层梁微段进行受力分析，上梁承受集中荷载和上下梁之间的弹簧支撑产生的反力，下梁承受弹簧支撑产生的压力。受力图如图5-6所示。

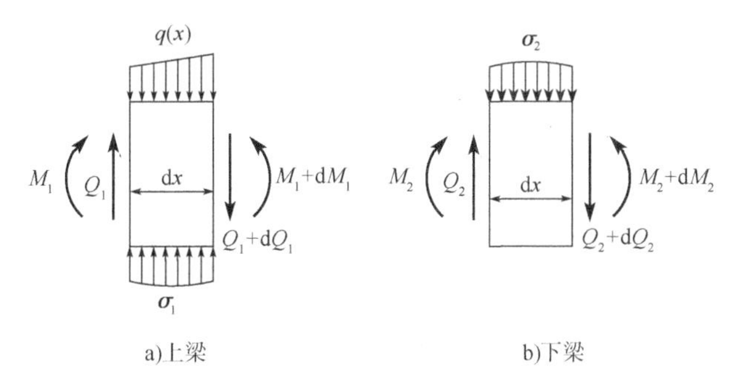

图5-6 双层梁体系微分单元受力分析示意图

忽略弹性夹层自重，则下梁所承受的荷载 σ_2 主要为上梁对其的反力，即：

$$\sigma_1 = \sigma_2 \tag{5-2}$$

上梁挠曲线微分方程为：

$$E_1 I_1 \frac{\mathrm{d}^4 y_1}{\mathrm{d}x^4} + c(y_1 - y_2) = q \tag{5-3}$$

式(5-3)可改写为：

$$y_2 = \frac{E_1 I_1}{c} \frac{\mathrm{d}^4 y_1}{\mathrm{d}x^4} + y_1 - \frac{q}{c} \tag{5-4}$$

对于下梁有：

$$\frac{\mathrm{d}^4 y_2}{\mathrm{d}x^4} = \frac{c(y_1 - y_2)}{E_2 I_2} \tag{5-5}$$

对式(5-4)求导可得：

$$\frac{\mathrm{d}^4 y_2}{\mathrm{d}x^4} = \frac{E_1 I_1}{c} \frac{\mathrm{d}^8 y_1}{\mathrm{d}x^8} + \frac{\mathrm{d}^4 y_1}{\mathrm{d}x^4} \tag{5-6}$$

则上梁的挠曲线方程为：

$$\frac{\mathrm{d}^8 y_1}{\mathrm{d}x^8} + \left(\frac{c}{E_1 I_1} + \frac{c}{E_2 I_2}\right)\frac{\mathrm{d}^4 y_1}{\mathrm{d}x^4} = \frac{cq}{E_1 I_1 E_2 I_2} \tag{5-7}$$

此式(5-7)对应的八阶常系数齐次微分方程为：

$$\frac{\mathrm{d}^8 y_1}{\mathrm{d}x^8} + \left(\frac{c}{E_1 I_1} + \frac{c}{E_2 I_2}\right)\frac{\mathrm{d}^4 y_1}{\mathrm{d}x^4} = 0 \tag{5-8}$$

令：

$$\beta = \sqrt[4]{\frac{c}{4E_1 I_1} + \frac{c}{4E_2 I_2}} \tag{5-9}$$

可将式(5-8)改写为：

$$y_1 = e^{\beta x}(\alpha_1\cos\beta x + \alpha_2\sin\beta x) + e^{-\beta x}(\alpha_3\cos\beta x + \alpha_4\sin\beta x) + \alpha_5 x^3 + \alpha_6 x^2 + \alpha_7 x + \alpha_8 \tag{5-10}$$

式中$\alpha_1 \sim \alpha_8$为待定系数,令:

$$\begin{cases} \alpha_1 = \dfrac{1}{2}(C_2 + C_3) \\ \alpha_2 = \dfrac{1}{2}(C_1 + C_4) \\ \alpha_3 = \dfrac{1}{2}(C_3 - C_2) \\ \alpha_4 = \dfrac{1}{2}(C_4 - C_1) \\ \alpha_5 = C_5 \\ \alpha_6 = C_6 \\ \alpha_7 = C_7 \\ \alpha_8 = C_8 \end{cases} \tag{5-11}$$

利用双曲函数,上梁位移方程式(5-10)的通解可表示为:

$$y_1 = C_1\sinh\beta x\sin\beta x + C_2\sinh\beta x\cos\beta x + C_3\cosh\beta x\cos\beta x + C_4\cosh\beta x\sin\beta x + C_5 x^3 + C_6 x^2 + C_7 x + C_8 \tag{5-12}$$

根据式(5-5)和式(5-12)可得下梁的位移方程通解为:

$$y_2 = \left(1 - \frac{4E_1I_1\beta^4}{c}\right)(C_1\sinh\beta x\sin\beta x + C_2\sinh\beta x\cos\beta x + C_3\cosh\beta x\cos\beta x + C_4\cosh\beta x\sin\beta x) + C_5 x^3 + C_6 x^2 + C_7 x + C_8 \tag{5-13}$$

5.3.3 双层弹性地基梁的挠曲微分方程式的初参数解

不考虑剪切对梁挠度的影响,上梁任意截面转角 θ_1、弯矩 M_1 和剪力 Q_1 可用以下公式表示:

$$\begin{cases} \theta_1 = \dfrac{\mathrm{d}y_1}{\mathrm{d}x} \\ M_1 = -E_1I_1\dfrac{\mathrm{d}\theta_1}{\mathrm{d}x} = -E_1I_1\dfrac{\mathrm{d}^2y_1}{\mathrm{d}x^2} \\ Q_1 = \dfrac{\mathrm{d}M_1}{\mathrm{d}x} = -E_1I_1\dfrac{\mathrm{d}^3y_1}{\mathrm{d}x^3} \end{cases} \tag{5-14}$$

将式(5-12)代入式(5-14)可得:

$$\theta_1 = \beta\begin{bmatrix} C_1(\sinh\beta x\cos\beta x + \cosh\beta x\sin\beta x) \\ + C_2(\cosh\beta x\cos\beta x - \sinh\beta x\sin\beta x) \\ + C_3(\sinh\beta x\cos\beta x - \cosh\beta x\sin\beta x) \\ + C_4(\cosh\beta x\cos\beta x + \sinh\beta x\sin\beta x) \end{bmatrix} + 3C_5x^2 + 2C_6x + C_7 \tag{5-15}$$

$$M_1 = -2E_1I_1\beta^2\begin{bmatrix} C_1\cosh\beta x\cos\beta x - C_2\cosh\beta x\sin\beta x \\ - C_3\sinh\beta x\sin\beta x + C_4\sinh\beta x\cos\beta x \end{bmatrix} - E_1I_1(6C_5x + 2C_6) \tag{5-16}$$

$$Q_1 = 2E_1I_1\beta^3\begin{bmatrix} C_1(\cosh\beta x\sin\beta x - \sinh\beta x\cos\beta x) \\ + C_2(\cosh\beta x\cos\beta x + \sinh\beta x\sin\beta x) \\ + C_3(\cosh\beta x\sin\beta x + \sinh\beta x\cos\beta x) \\ + C_4(\sinh\beta x\sin\beta x - \cosh\beta x\cos\beta x) \end{bmatrix} - 6E_1I_1C_5 \tag{5-17}$$

下梁任意截面转角 θ_2、弯矩 M_2 和剪力 Q_2 可用以下公式表示：

$$\begin{cases} \theta_2 = \dfrac{\mathrm{d}y_2}{\mathrm{d}x} \\ M_2 = -E_2I_2\dfrac{\mathrm{d}\theta_2}{\mathrm{d}x} = -E_2I_2\dfrac{\mathrm{d}^2y_2}{\mathrm{d}x^2} \\ Q_2 = \dfrac{\mathrm{d}M_2}{\mathrm{d}x} = -E_2I_2\dfrac{\mathrm{d}^3y_2}{\mathrm{d}x^3} \end{cases} \tag{5-18}$$

将式(5-13)代入式(5-18)可得：

$$\theta_2 = \left(\beta - \frac{4E_1I_1\beta^5}{c}\right)\begin{bmatrix} C_1(\sinh\beta x\cos\beta x + \cosh\beta x\sin\beta x) \\ + C_2(\cosh\beta x\cos\beta x - \sinh\beta x\sin\beta x) \\ + C_3(\sinh\beta x\cos\beta x - \cosh\beta x\sin\beta x) \\ + C_4(\cosh\beta x\cos\beta x + \sinh\beta x\sin\beta x) \end{bmatrix} + 3C_5x^2 + 2C_6x + C_7 \tag{5-19}$$

$$M_2 = \left(\frac{8E_1I_1E_2I_2\beta^6}{c} - 2E_2I_2\beta^2\right)\begin{bmatrix} C_1\cosh\beta x\cos\beta x - C_2\cosh\beta x\sin\beta x \\ - C_3\sinh\beta x\sin\beta x + C_4\sinh\beta x\cos\beta x \end{bmatrix} - E_2I_2(6C_5x + 2C_6) \tag{5-20}$$

$$Q_2 = \left(2E_2I_2\beta^3 - \frac{8E_1I_1E_2I_2\beta^7}{c}\right)\begin{bmatrix} C_1(\cosh\beta x\sin\beta x - \sinh\beta x\cos\beta x) \\ + C_2(\cosh\beta x\cos\beta x + \sinh\beta x\sin\beta x) \\ + C_3(\cosh\beta x\sin\beta x + \sinh\beta x\cos\beta x) \\ + C_4(\sinh\beta x\sin\beta x - \cosh\beta x\cos\beta x) \end{bmatrix} - 6E_2I_2C_5 \tag{5-21}$$

为简化上述方程，再令：

$$\begin{cases} \varphi_1 = \varphi_1(\beta x) = \sinh\beta x\sin\beta x \\ \varphi_2 = \varphi_2(\beta x) = \sinh\beta x\cos\beta x \\ \varphi_3 = \varphi_3(\beta x) = \cosh\beta x\cos\beta x \\ \varphi_4 = \varphi_4(\beta x) = \cosh\beta x\sin\beta x \\ \varphi_5 = \varphi_5(\beta x) = \sinh\beta x\cos\beta x + \cosh\beta x\sin\beta x \\ \varphi_6 = \varphi_6(\beta x) = \cosh\beta x\cos\beta x - \sinh\beta x\sin\beta x \\ \varphi_7 = \varphi_7(\beta x) = \sinh\beta x\cos\beta x - \cosh\beta x\sin\beta x \\ \varphi_8 = \varphi_8(\beta x) = \cosh\beta x\cos\beta x + \sinh\beta x\sin\beta x \end{cases} \tag{5-22}$$

则上梁位移、转角、弯矩和剪力表达式可简化为：

$$\begin{cases}y_1 = C_1\varphi_1 + C_2\varphi_2 + C_3\varphi_3 + C_4\varphi_4 + C_5x^3 + C_6x^2 + C_7x + C_8 \\ \theta_1 = \beta(C_1\varphi_5 + C_2\varphi_6 + C_3\varphi_7 + C_4\varphi_8) + 3C_5x^2 + 2C_6x + C_7 \\ M_1 = -2E_1I_1\beta^2(C_1\varphi_3 - C_2\varphi_4 - C_3\varphi_1 + C_4\varphi_2) - E_1I_1(6C_5x + 2C_6) \\ Q_1 = 2E_1I_1\beta^3(-C_1\varphi_7 + C_2\varphi_8 + C_3\varphi_5 - C_4\varphi_6) - 6E_1I_1C_5\end{cases} \tag{5-23}$$

下梁位移、转角、弯矩和剪力表达式可简化为：

$$\begin{cases}y_2 = \left(1 - \dfrac{4E_1I_1\beta^4}{c}\right)(C_1\varphi_1 + C_2\varphi_2 + C_3\varphi_3 + C_4\varphi_4) + C_5x^3 + C_6x^2 + C_7x + C_8 \\ \theta_2 = \left(\beta - \dfrac{4E_1I_1\beta^5}{c}\right)(C_1\varphi_5 + C_2\varphi_6 + C_3\varphi_7 + C_4\varphi_8) + 3C_5x^2 + 2C_6x + C_7 \\ M_2 = \left(\dfrac{8E_1I_1E_2I_2\beta^6}{c} - 2E_2I_2\beta^2\right)(C_1\varphi_3 - C_2\varphi_4 - C_3\varphi_1 + C_4\varphi_2) - E_2I_2(6C_5x + 2C_6) \\ Q_2 = \left(2E_2I_2\beta^3 - \dfrac{8E_1I_1E_2I_2\beta^7}{c}\right)(-C_1\varphi_7 + C_2\varphi_8 + C_3\varphi_5 - C_4\varphi_6) - 6E_2I_2C_5\end{cases} \tag{5-24}$$

运用初参数法，初始截面 $x=0$ 处上梁各参数定义为 y_{10}、θ_{10}、M_{10}、Q_{10}，下梁各参数定义为 y_{20}、θ_{20}、M_{20}、Q_{20}，其值由边界条件确定。

将 $x=0$ 分别代入式(5-23)和式(5-24)可得：

$$\begin{cases}y_{10} = C_3 + C_8 \\ \theta_{10} = \beta(C_2 + C_4) + C_7 \\ M_{10} = -2E_1I_1(\beta^2C_1 + C_6) \\ Q_{10} = 2E_1I_1\beta^3(C_2 - C_4) - 6E_1I_1C_5 \\ y_{20} = \left(1 - \dfrac{4E_1I_1\beta^4}{c}\right)C_3 + C_8 \\ \theta_{20} = \left(\beta - \dfrac{4E_1I_1\beta^5}{c}\right)(C_2 + C_4) + C_7 \\ M_{20} = \left(\dfrac{8E_1I_1E_2I_2\beta^6}{c} - 2E_2I_2\beta^2\right)C_1 - 2E_2I_2C_6 \\ Q_{20} = \left(2E_2I_2\beta^3 - \dfrac{8E_1I_1E_2I_2\beta^7}{c}\right)(C_2 - C_4) - 6E_2I_2C_5\end{cases} \tag{5-25}$$

式(5-25)可变换得：

$$\begin{cases}C_1=\dfrac{c(E_1I_1M_{20}-E_2I_2M_{10})}{8(E_1I_1)^2E_2I_2\beta^6}\\C_2=\dfrac{c(-E_1I_1Q_{20}+E_2I_2Q_{10}+2E_1I_1E_2I_2\theta_{10}\beta^2-2E_1I_1E_2I_2\theta_{20}\beta^2)}{16(E_1I_1)^2E_2I_2\beta^7}\\C_3=\dfrac{c(y_{10}-y_{20})}{4E_1I_1\beta^4}\\C_4=\dfrac{c(E_1I_1Q_{20}-E_2I_2Q_{10}+2E_1I_1E_2I_2\theta_{10}\beta^2-2E_1I_1E_2I_2\theta_{20}\beta^2)}{16(E_1I_1)^2E_2I_2\beta^7}\\C_5=\dfrac{-4E_1I_1E_2I_2Q_{10}\beta^4-cE_1I_1Q_{20}+cE_2I_2Q_{10}}{24(E_1I_1)^2E_2I_2\beta^4}\\C_6=\dfrac{-4E_1I_1E_2I_2M_{10}\beta^4-cE_1I_1M_{20}+cE_2I_2M_{10}}{8(E_1I_1)^2E_2I_2\beta^4}\\C_7=\theta_{10}+\dfrac{c(-\theta_{10}+\theta_{20})}{4E_1I_1\beta^4}\\C_8=y_{10}+\dfrac{c(-y_{10}+y_{20})}{4E_1I_1\beta^4}\end{cases}\tag{5-26}$$

将式(5-26)参数代回式(5-23),则上层梁的位移、转角、弯矩和剪力可表示为:

$$\begin{cases}y_1=y_{10}\left[1+\dfrac{c(\varphi_3-1)}{4E_1I_1\beta^4}\right]+\theta_{10}\dfrac{-2\beta cx+8E_1I_1\beta^5x+c\varphi_5}{8E_1I_1\beta^5}+M_{10}\dfrac{c\beta^2x^2-4\beta^6E_1I_1x^2-c\varphi_1}{8(E_1I_1)^2\beta^6}+\\\qquad Q_{10}\dfrac{2\beta^3cx^3-8E_1I_1\beta^7x^3+3c\varphi_7}{48(E_1I_1)^2\beta^7}+y_{20}\dfrac{c(1-\varphi_3)}{4E_1I_1\beta^4}+\theta_{20}\dfrac{c(2\beta x-\varphi_5)}{8E_1I_1\beta^5}+\\\qquad M_{20}\dfrac{c(-\beta^2x^2+\varphi_1)}{8E_1I_1E_2I_2\beta^6}+Q_{20}\dfrac{c(2\beta^3x^3+3\varphi_7)}{48E_1I_1E_2I_2\beta^7}\\\theta_1=y_{10}\dfrac{c\varphi_7}{4E_1I_1\beta^3}+\theta_{10}\dfrac{-c+4E_1I_1\beta^4+c\varphi_3}{4E_1I_1\beta^4}+M_{10}\dfrac{2c\beta x-8\beta^5E_1I_1x-c\varphi_5}{8(E_1I_1)^2\beta^5}+\\\qquad Q_{10}\dfrac{\beta^2(c-4E_1I_1\beta^4)x^2-c\varphi_1}{8(E_1I_1)^2\beta^6}+y_{20}\dfrac{-c\varphi_7}{4E_1I_1\beta^3}+\theta_{20}\dfrac{c(1-\varphi_3)}{4E_1I_1\beta^4}+M_{20}\dfrac{c(-2\beta x+\varphi_5)}{8E_1I_1E_2I_2\beta^5}+\\\qquad Q_{20}\dfrac{-c(\beta^2x^2-\varphi_1)}{8E_1I_1E_2I_2\beta^6}\\M_1=y_{10}\dfrac{c\varphi_1}{2\beta^2}+\theta_{10}\dfrac{-c\varphi_7}{4\beta^3}+M_{10}\dfrac{-c+4E_1I_1\beta^4+c\varphi_3}{4E_1I_1\beta^4}+Q_{10}\dfrac{-2\beta cx+8E_1I_1\beta^5x+c\varphi_5}{8E_1I_1\beta^5}+\\\qquad y_{20}\dfrac{-c\varphi_1}{2\beta^2}+\theta_{20}\dfrac{c\varphi_7}{4\beta^3}+M_{20}\dfrac{c(1-\varphi_3)}{4E_2I_2\beta^4}+Q_{20}\dfrac{c(2\beta x-\varphi_5)}{8E_2I_2\beta^5}\\Q_1=y_{10}\dfrac{c\varphi_5}{2\beta}+\theta_{10}\dfrac{c\varphi_1}{2\beta^2}+M_{10}\dfrac{c\varphi_7}{4E_1I_1\beta^3}+Q_{10}\dfrac{-c+4E_1I_1\beta^4+c\varphi_3}{4E_1I_1\beta^4}+y_{20}\dfrac{-c\varphi_5}{2\beta}+\theta_{20}\dfrac{-c\varphi_1}{2\beta^2}+\\\qquad M_{20}\dfrac{-c\varphi_7}{4E_2I_2\beta^3}+Q_{20}\dfrac{c(1-\varphi_3)}{4E_2I_2\beta^4}\end{cases}\tag{5-27}$$

将式(5-26)代回到式(5-24),则下层梁的位移、转角、弯矩和剪力可表示为:

$$
\begin{cases}
y_2 = y_{10}\dfrac{(c-4E_1I_1\beta^4)(1-\varphi_3)}{4E_1I_1\beta^4} + \theta_{10}\dfrac{(c-4E_1I_1\beta^4)(-2\beta x + c\varphi_5)}{8E_1I_1\beta^5} + M_{10}\dfrac{(c-4E_1I_1\beta^4)(\beta^2x^2 - c\varphi_1)}{8(E_1I_1)^2\beta^6} + \\
\quad Q_{10}\dfrac{(c-4E_1I_1\beta^4)(2\beta^3x^3 - 3\varphi_7)}{48(E_1I_1)^2\beta^7} + y_{20}\dfrac{c-(c-4E_1I_1\beta^4)\varphi_3}{4E_1I_1\beta^4} + \theta_{20}\dfrac{-2\beta cx-(c-4E_1I_1\beta^4)\varphi_5}{8E_1I_1\beta^5} + \\
\quad M_{20}\dfrac{-\beta^2cx^2+(c-4E_1I_1\beta^4)\varphi_1}{8E_1I_1E_2I_2\beta^6} + Q_{20}\dfrac{-2\beta^3cx^3-3(c-4E_1I_1\beta^4)\varphi_7}{48E_1I_1E_2I_2\beta^7} \\
\theta_2 = y_{10}\dfrac{(c-4E_1I_1\beta^4)\varphi_7}{4E_1I_1\beta^3} + \theta_{10}\dfrac{(c-4E_1I_1\beta^4)(-1+\varphi_3)}{4E_1I_1\beta^4} + M_{10}\dfrac{(c-4E_1I_1\beta^4)(2\beta x-\varphi_5)}{8(E_1I_1)^2\beta^5} + \\
\quad Q_{10}\dfrac{(c-4E_1I_1\beta^4)(\beta^2x^2-\varphi_1)}{8(E_1I_1)^2\beta^6} + y_{20}\dfrac{-(c-4E_1I_1\beta^4)\varphi_7}{4E_1I_1\beta^3} + \theta_{20}\dfrac{c-(c-4E_1I_1\beta^4)\varphi_3}{4E_1I_1\beta^4} + \\
\quad M_{20}\dfrac{-2\beta cx+(c-4E_1I_1\beta^4)\varphi_5}{8E_1I_1E_2I_2\beta^5} + Q_{20}\dfrac{-2\beta^2cx^2+(c-4E_1I_1\beta^4)\varphi_1}{8E_1I_1E_2I_2\beta^6} \\
M_2 = y_{10}\dfrac{(c-4E_1I_1\beta^4)E_2I_2\varphi_1}{2E_1I_1\beta^2} + \theta_{10}\dfrac{-(c-4E_1I_1\beta^4)E_2I_2\varphi_7}{4E_1I_1\beta^3} + M_{10}\dfrac{(c-4E_1I_1\beta^4)E_2I_2(-1+\varphi_3)}{4(E_1I_1)^2\beta^4} + \\
\quad Q_{10}\dfrac{(c-4E_1I_1\beta^4)E_2I_2(-2\beta x-\varphi_5)}{8(E_1I_1)^2\beta^5} + y_{20}\dfrac{-c-4E_1I_1\beta^4)E_2I_2\varphi_1}{2E_1I_1\beta^2} + \\
\quad \theta_{20}\dfrac{(c-4E_1I_1\beta^4)E_2I_2\varphi_7}{4E_1I_1\beta^3} + M_{20}\dfrac{c-(c-4E_1I_1\beta^4)\varphi_3}{4E_1I_1\beta^4} + Q_{20}\dfrac{-2\beta cx+(c-4E_1I_1\beta^4)\varphi_5}{8E_1I_1\beta^5} \\
Q_2 = y_{10}\dfrac{(c-4E_1I_1\beta^4)E_2I_2\varphi_5}{2E_1I_1\beta} + \theta_{10}\dfrac{(c-4E_1I_1\beta^4)E_2I_2\varphi_1}{2E_1I_1\beta^2} + M_{10}\dfrac{(c-4E_1I_1\beta^4)E_2I_2\varphi_7}{4(E_1I_1)^2\beta^3} + \\
\quad Q_{10}\dfrac{(c-4E_1I_1\beta^4)E_2I_2(-1+\varphi_3)}{4(E_1I_1)^2\beta^4} + y_{20}\dfrac{-(c-4E_1I_1\beta^4)E_2I_2\varphi_5}{2E_1I_1\beta} + \\
\quad \theta_{20}\dfrac{-(c-4E_1I_1\beta^4)E_2I_2\varphi_1}{2E_1I_1\beta^2} + M_{20}\dfrac{(c-4E_1I_1\beta^4)\varphi_7}{4E_1I_1\beta^3} + Q_{20}\dfrac{c-(c-4E_1I_1\beta^4)\varphi_3}{4E_1I_1\beta^4}
\end{cases}
\tag{5-28}
$$

至此,运用初参数法的双层弹性地基梁理论求得的上层梁和下层梁挠度、转角、弯矩和剪力的通解项已完全求出。

5.4 本章小结

本章为探究钢管混凝土系杆拱桥施工时梁柱式支架与系梁存在的协同受力现象,优化临时支架设计理论,在温克尔弹性地基梁理论的基础上,建立双层梁理论,构建了系梁-梁柱式支架协同受力模型,推导出系梁的位移、转角、弯矩和剪力方程。

第6章

均布荷载作用下系梁与梁柱式支架协同受力研究

6.1　均布荷载作用下系梁与梁柱式支架协同受力特解项求解

对于多点支撑的连续梁体系而言，除了需要考虑支座处的边界条件外，还需要结合连续点两边的连续性条件来对各个初参数进行求解。以四跨的连续梁为例，设上、下梁的长度均为$4l$，其力学模型如图6-1所示。

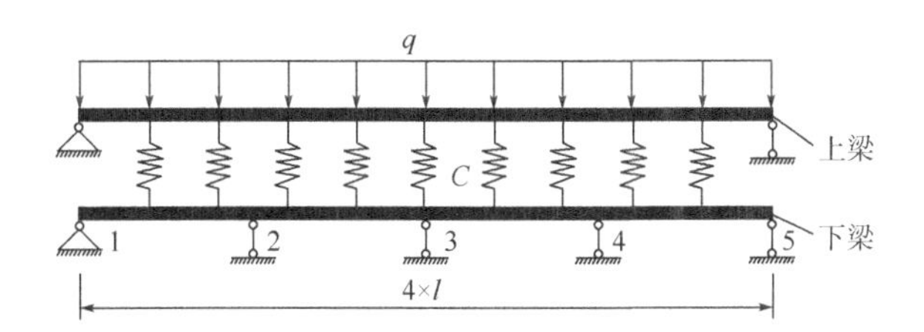

图6-1　四跨连续双层梁受力分析示意图

当上层梁上只作用有均布荷载时，其特解项为：

$$
\begin{cases}
\Delta y_{\mathrm{q}} = q\dfrac{4\beta^8 E_1 I_1 x^4 - c(-6+\beta^4 x^4) - 6\varphi_3}{96\,(E_1 I_1)^2 \beta^8} \\[2ex]
\Delta \theta_{\mathrm{q}} = q\dfrac{2\beta^3(-c+4E_1 I_1 \beta^4)x^3 - 3\varphi_7}{48\,(E_1 I_1)^2 \beta^7} \\[2ex]
\Delta M_{\mathrm{q}} = q\dfrac{-\beta^2(-c+4E_1 I_1 \beta^4)x^2 + c\varphi_1}{8E_1 I_1 \beta^5} \\[2ex]
\Delta Q_{\mathrm{q}} = q\dfrac{2c\beta x + 8xE_1 I_1 \beta^5 + c\varphi_5}{8E_1 I_1 \beta^5}
\end{cases}
\tag{6-1}
$$

在计算有均布荷载作用的双层梁时，上梁位移、转角、弯矩、剪力的完整解等于通解加上所

有与该分段集中荷载有关的特解,可表示为:

$$
\begin{cases}
y_1 = y_{10}\left[1+\dfrac{c(\varphi_3-1)}{4E_1I_1\beta^4}\right]+\theta_{10}\dfrac{-2\beta cx+8E_1I_1\beta^5x+c\varphi_5}{8E_1I_1\beta^5}+M_{10}\dfrac{c\beta^2x^2-4\beta^6E_1I_1x^2-c\varphi_1}{8(E_1I_1)^2\beta^6}+\\
\quad Q_{10}\dfrac{2\beta^3cx^3-8E_1I_1\beta^7x^3+3c\varphi_7}{48(E_1I_1)^2\beta^7}+y_{20}\dfrac{c(1-\varphi_3)}{4E_1I_1\beta^4}+\theta_{20}\dfrac{c(2\beta x-\varphi_5)}{8E_1I_1\beta^5}+\\
\quad M_{20}\dfrac{c(-\beta^2x^2+\varphi_1)}{8E_1I_1E_2I_2\beta^6}+Q_{20}\dfrac{c(2\beta^3x^3+3\varphi_7)}{48E_1I_1E_2I_2\beta^7}+q\dfrac{4\beta^8E_1I_1x^4-c(-6+\beta^4x^4)-6\varphi_3}{96(E_1I_1)^2\beta^8}\\
\theta_1 = y_{10}\dfrac{c\varphi_7}{4E_1I_1\beta^3}+\theta_{10}\dfrac{-c+4E_1I_1\beta^4+c\varphi_3}{4E_1I_1\beta^4}+M_{10}\dfrac{2c\beta x-8\beta^5E_1I_1x-c\varphi_5}{8(E_1I_1)^2\beta^5}+\\
\quad Q_{10}\dfrac{\beta^2(c-4E_1I_1\beta^4)x^2-c\varphi_1}{8(E_1I_1)^2\beta^6}+y_{20}\dfrac{-c\varphi_7}{4E_1I_1\beta^3}+\theta_{20}\dfrac{c(1-\varphi_3)}{4E_1I_1\beta^4}+M_{20}\dfrac{c(-2\beta x+\varphi_5)}{8E_1I_1E_2I_2\beta^5}+\\
\quad Q_{20}\dfrac{-c(\beta^2x^2-\varphi_1)}{8E_1I_1E_2I_2\beta^6}+q\dfrac{2\beta^3(-c+4E_1I_1\beta^4)x^3-3\varphi_7}{48(E_1I_1)^2\beta^7}\\
M_1 = y_{10}\dfrac{c\varphi_1}{2\beta^2}+\theta_{10}\dfrac{-c\varphi_7}{4\beta^3}+M_{10}\dfrac{-c+4E_1I_1\beta^4+c\varphi_3}{4E_1I_1\beta^4}+Q_{10}\dfrac{-2\beta cx+8E_1I_1\beta^5x+c\varphi_5}{8E_1I_1\beta^5}+\\
\quad y_{20}\dfrac{-c\varphi_1}{2\beta^2}+\theta_{20}\dfrac{c\varphi_7}{4\beta^3}+M_{20}\dfrac{c(1-\varphi_3)}{4E_2I_2\beta^4}+Q_{20}\dfrac{c(2\beta x-\varphi_5)}{8E_2I_2\beta^5}+q\dfrac{-\beta^2(-c+4E_1I_1\beta^4)x^2+c\varphi_1}{8E_1I_1\beta^5}\\
Q_1 = y_{10}\dfrac{c\varphi_5}{2\beta}+\theta_{10}\dfrac{c\varphi_1}{2\beta^2}+M_{10}\dfrac{c\varphi_7}{4E_1I_1\beta^3}+Q_{10}\dfrac{-c+4E_1I_1\beta^4+c\varphi_3}{4E_1I_1\beta^4}+y_{20}\dfrac{-c\varphi_5}{2\beta}+\theta_{20}\dfrac{-c\varphi_1}{2\beta^2}+\\
\quad M_{20}\dfrac{-c\varphi_7}{4E_2I_2\beta^3}+Q_{20}\dfrac{c(1-\varphi_3)}{4E_2I_2\beta^4}+q\dfrac{2c\beta x+8xE_1I_1\beta^5+c\varphi_5}{8E_1I_1\beta^5}
\end{cases}
\tag{6-2}
$$

在均布荷载作用下双层梁的下梁位移、转角、弯矩、剪力的完整解答仅为通解项,表达式仍为式(5-28)。

由于本书在方程中引入了初参数的概念,不同工况下方程的求解仅需使用对应的边界条件和连续性条件代入即可。

例如,对于简支工况下的系梁而言,若取梁的总长度为$2l$,上、下梁在支座处的位移与弯矩均为0,则其边界条件可表示为:

$$
\begin{cases}
y_{10}=0, M_{10}=0, y_{20}=0, M_{20}=0\\
y_1|_{x=2l}=0, M_1|_{x=2l}=0, y_2|_{x=2l}=0, M_2|_{x=2l}=0
\end{cases}
\tag{6-3}
$$

对于承受预应力作用即在系梁两端受弯矩M_1、M_2作用的简支系梁而言,上梁在左端即$x=$

0 时，位移为 0，弯矩为M_1，在右端即 $x=2l$ 时，位移为 0，弯矩为M_2；下梁在支座处的位移与弯矩均为 0。则此工况下的上、下梁边界条件可表示为：

$$\begin{cases} y_{10}=0 \\ M_{10}=M_1 \\ y_{20}=0 \\ M_{20}=0 \\ y_1\big|_{x=2l}=0 \\ M_1\big|_{x=2l}=M_2 \\ y_2\big|_{x=2l}=0 \\ M_2\big|_{x=2l}=0 \end{cases} \tag{6-4}$$

将各跨的变形与受力情况分段采用函数进行表示，上、下梁的位移与受力情况表达式可以以支座 2 ~ 4 为分界点进行分段，共分为 4 段，将上、下梁的变形、转角、弯矩与剪力依次表达为：y_{1i}、y_{2i}、θ_{1i}、θ_{2i}、M_{1i}、M_{2i}、Q_{1i}、Q_{2i}，其中 1、2 分别指代上、下梁，$1 \leqslant i \leqslant 4$。

考虑结构与荷载的对称性，其边界条件和连续性条件可按照以下描述表示：

(1)边界条件

上、下梁在支座 1 处的位移与弯矩均为 0，在支座 2 处下梁的位移为 0，在支座 3 处上梁的转角和剪力均为 0，下梁的位移和转角均为 0，则其边界条件可表示为：

$$\begin{cases} y_{11}\big|_{x=0}=0 \\ M_{11}\big|_{x=0}=0 \\ y_{21}\big|_{x=0}=0 \\ M_{21}\big|_{x=0}=0 \\ \theta_{21}\big|_{x=2l}=0 \\ Q_{21}\big|_{x=2l}=0 \\ y_{22}\big|_{x=2l}=0 \\ \theta_{22}\big|_{x=2l}=0 \\ y_{12}\big|_{x=l}=0 \end{cases} \tag{6-5}$$

(2)连续性条件

连续性条件发生在连续点即支座 2 处。

对于上梁，连续点两侧的位移、转角、弯矩及剪力均是连续的，即在连续点两侧的微分段内，梁的位移、弯矩、转角和剪力都是相等的，其连续性条件可表示为：

$$\begin{cases} y_{11}\big|_{x=l}=y_{12}\big|_{x=l} \\ \theta_{11}\big|_{x=l}=\theta_{12}\big|_{x=l} \\ M_{11}\big|_{x=l}=M_{12}\big|_{x=l} \\ Q_{11}\big|_{x=l}=Q_{12}\big|_{x=l} \end{cases} \tag{6-6}$$

对于下梁，连续点两侧的位移、转角以及弯矩均是连续的，即在连续点两侧的微分段内，梁的位移、转角和弯矩都是相等的，其连续性条件可表示为：

$$\begin{cases} y_{21}\big|_{x=l} = y_{22}\big|_{x=l} \\ \theta_{21}\big|_{x=l} = \theta_{22}\big|_{x=l} \\ M_{21}\big|_{x=l} = M_{22}\big|_{x=l} \end{cases} \tag{6-7}$$

结合这些边界条件和连续性条件求得各跨的初参数后，再将其回代至式(5-28)和式(6-2)中并利用连续梁的对称性，即可求出双层梁结构受力模型的解析解。

6.2 有限元模型验证

6.2.1 模型参数

采用有限元软件 midas Civil 建立系梁和贝雷梁支架的平面杆系协同受力模型进行验证计算。模型构建时均采用梁单元，上层梁截面采用系梁设计截面，下层梁截面则通过等效惯性矩法将其等效为矩形截面，等效时忽略贝雷梁之间花窗的影响。上、下层梁之间采用节点间弹簧连接，系梁在桥墩墩顶的支座和贝雷梁在钢管柱顶的支撑均采用一般支承模拟。模型主要参数如表 6-1 所示，系梁受到拱肋传递的集中荷载如表 4-2 所示。

模型参数表 表 6-1

上层梁弹性模量 E_1 (MPa)	上层梁截面惯性矩 I_1 (m^4)	夹层弹簧刚度 c (kN/m)	下层梁弹性模量 E_2 (MPa)	下层梁截面惯性矩 I_2 (m^4)
34500	21.72	1829553	206000	0.0626

拱肋总重 20446.4kN，根据钢管立柱在系梁上的相对位置，可计算出每排立柱承担的拱肋荷载。在进行均布荷载工况对比时，按照 $q = 284\text{kN/m}$ 计算。

6.2.2 公式推导与有限元计算结果对比

对于四跨连续的双层梁结构，除了需要考虑系梁支座和贝雷梁支座处的边界条件外，还要结合相应的连续性条件方可求解，结合四跨连续梁列出的一系列边界条件和连续性条件，将各跨系梁与贝雷梁的初参数求出后，再代入式(6-2)，并结合本章列出的一系列参数即可求得系梁与贝雷梁变形受力情况的解析解。

对于此连续梁的验证，可以跨中处的支座 3 为对称点进行分段，在支点 1 ~ 支点 3 处分别列出 4、8、4 个边界条件或连续性条件，组成一个含有 16 个方程的方程组，然后将其转化为一个 16 × 16 的矩阵并通过 MATLAB 进行求解。

求解得到的各个初参数如表 6-2 所示。

连续双层梁结构初参数表 表 6-2

结构	位置	位移 y(mm)	转角 θ(°)	弯矩 M(kN · m)	剪力 Q(kN)
上梁	支点 1	0	1.100×10^{-4}	0	1245.4
	支点 2	−1.225	2.894×10^{-5}	1064.9	−116.5
	支点 3	−1.389	0	−1264.0	0

续上表

结构	位置	位移 y(mm)	转角 θ(°)	弯矩 M(kN·m)	剪力 Q(kN)
下梁	支点1	0	1.191×10^{-4}	0	1236.5
	支点2	0	3.586×10^{-5}	−2530.9	−2687.4
	支点3	0	0	−3045.5	−2944.6

求解过程的中间参数 b1 ~ b16 如表 6-3 所示。

连续双层梁结构求解过程中间参数表　　表 6-3

参数序号	b1	b2	b3	b4	b5	b6	b7	b8
参数值	-2.47×10^{-7}	-4.57×10^{-7}	-2.80×10^{-7}	0	-2.88×10^{-7}	0	1.10×10^{-4}	2.47×10^{-7}
参数序号	b9	b10	b11	b12	b13	b14	b15	b16
参数值	2.55×10^{-3}	-2.87×10^{-3}	-2.55×10^{-3}	2.87×10^{-3}	-8.84×10^{-7}	3.2×10^{-5}	-4.7×10^{-4}	3.48×10^{-3}

四跨连续双层梁结构的上、下梁的挠度、弯矩分布曲线如图 6-2、图 6-3 所示。

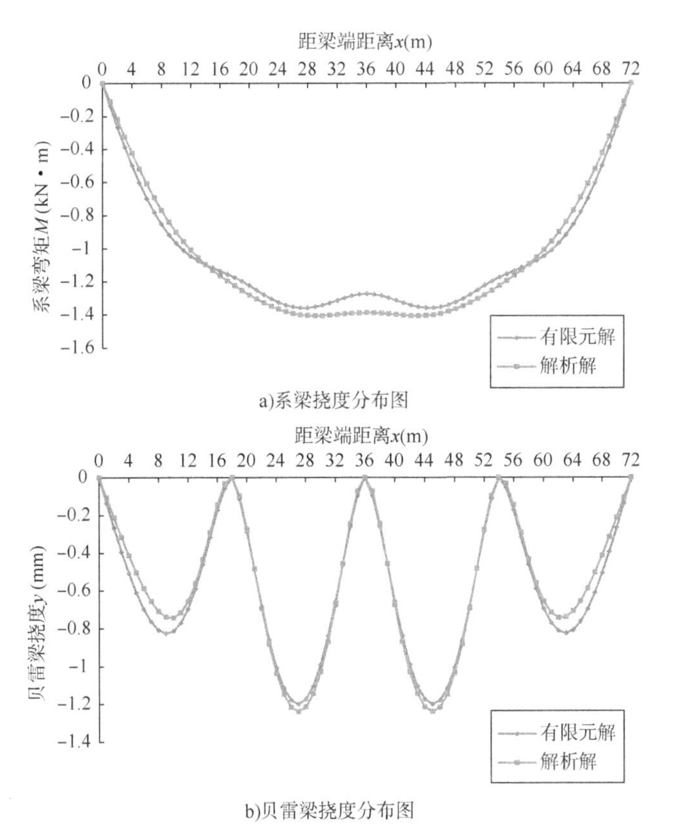

图 6-2　四跨连续双层梁模型挠度曲线对比图

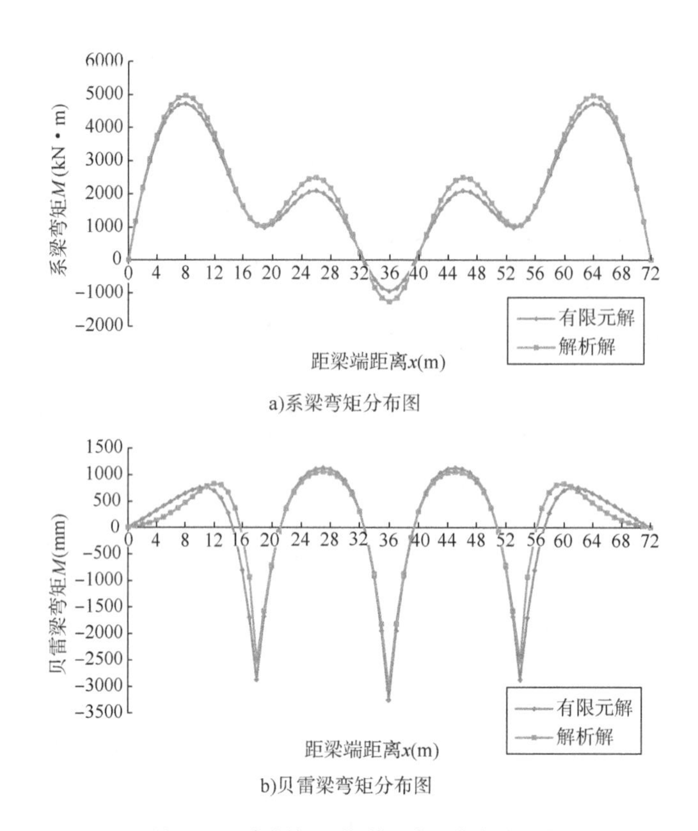

a)系梁弯矩分布图

b)贝雷梁弯矩分布图

图 6-3　四跨连续双层梁模型弯矩曲线对比图

由图 6-2 可知，就系梁而言，有限元模型计算得出的系梁挠度最大为 1.36mm，本节模型计算出的解析解最大为 1.41mm，相对误差为 3.7%；贝雷梁挠度的有限元解最大为 1.20mm，解析解最大为 1.24mm，相对误差为 3.3%。

由图 6-3 可知，就贝雷梁而言，有限元模型计算得出的系梁弯矩最大为 4971.4kN·m，本节模型计算出的解析解最大为 4880.3kN·m，相对误差为 1.8%；贝雷梁弯矩的有限元解最大为 3252.0kN·m，解析解最大为 3045.5kN·m，相对误差为 6.3%。误差均未超过 10%，两种模型的计算结果基本吻合。

综上，本节提出采用基于双层弹性地基梁理论计算贝雷梁-钢管柱支架体系受力情况的方法是可行的。

6.3　敏感参数影响分析

由基于双层弹性地基梁模型推导出的双层梁变形与内力表达式可知，系梁的结构参数与材料特性、方木与分配梁的刚度以及贝雷梁的结构参数等均会对系梁的挠度与内力产生一定的影响。通过对系梁的弹性模量E_1、方木与分配梁的刚度 c 以及贝雷梁的弹性模量E_2进行参数敏感性分析，找出影响双层梁结构受力情况的主要因素。各种参数的敏感性分析取值如表 6-4所示。

双层梁模型敏感度分析参数表　　表 6-4

结构参数	初始值	减少 5%	增加 5%	减少 10%	增加 10%
系梁弹性模量 E_1(MPa)	34500	32775	36225	31050	37950
弹性夹层刚度 c(MPa)	15	14.25	15.75	13.5	16.5
贝雷梁弹性模量 E_2(MPa)	206000	195700	216300	185400	226600

6.3.1　系梁弹性模量的影响分析

为了探索系梁弹性模量对双层梁系统受力情况的影响程度，按照对弹性模量减少 5%、增加 5%、减少 10% 以及增加 10% 对双层梁系统的变形与内力进行计算分析。

图 6-4 和图 6-5 分别为简支双层梁在不同弹性模量对照组作用下的变形与弯矩变化曲线图。

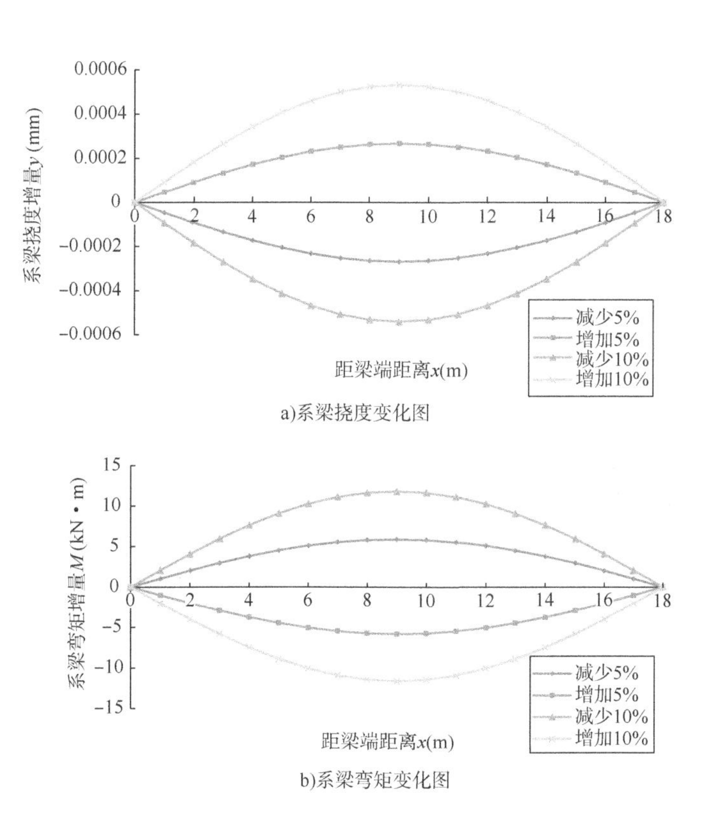

a)系梁挠度变化图

b)系梁弯矩变化图

图 6-4　简支双层梁系梁受力随系梁弹性模量变化曲线图

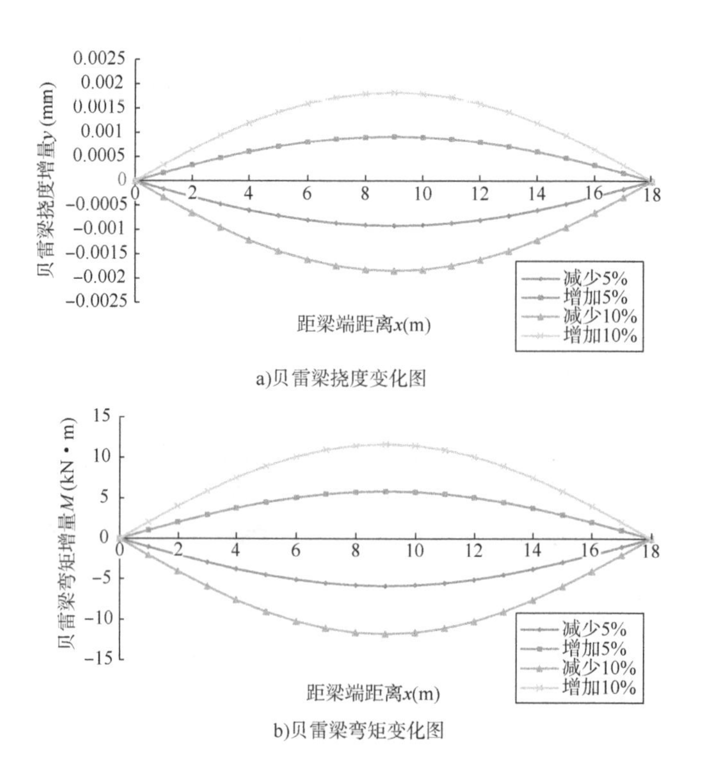

a)贝雷梁挠度变化图

b)贝雷梁弯矩变化图

图 6-5　简支双层梁贝雷梁受力随系梁弹性模量变化曲线对比图

表 6-5 为简支双层梁受力的最值统计。

简支双层梁最值统计表　　表 6-5

调整参数	计算项目	初始值	减少 5%	增加 5%	减少 10%	增加 10%
系梁	挠度(mm)	-0.280	-0.294	-0.266	-0.310	-0.255
	弯矩(kN·m)	5949.8	5943.4	5955.7	5936.2	5961.0
贝雷梁	挠度(mm)	-0.266	-0.280	-0.254	-0.295	-0.243
	弯矩(kN·m)	125.2	131.6	119.3	138.8	114.0

由图 6-4 和图 6-5 可知,随着系梁弹性模量的变化,系梁与贝雷梁的受力曲线的变化趋势基本相同。随着系梁弹性模量的减小,系梁和贝雷梁的挠度以及贝雷梁的弯矩均增大,而系梁的弯矩随之减小,但减小的幅度非常有限。挠度和弯矩的最大值均出现在跨中处,且跨中处增幅的绝对值也是最大的。

由表 6-5 可知,相较于初始值,当系梁的弹性模量减少 5% 时,系梁最大挠度的绝对值增幅为 4.98%,最大弯矩减小 0.11%;贝雷梁最大挠度的绝对值增幅为 5.26%,最大弯矩的增幅为 5.13%。当系梁的弹性模量减少 10% 时,系梁最大挠度的绝对值增幅为 10.69%,最大弯矩减小 0.23%;贝雷梁最大挠度的绝对值增幅为 10.98%,最大弯矩的增幅为 10.84%。当系梁的弹性模量增加 5% 时,系梁最大挠度的绝对值减小 4.82%,最大弯矩增幅为 0.10%;贝雷梁最大挠度的绝对值减小 4.57%,最大弯矩减小 4.69%。当系梁的弹性模量增加 10% 时,系梁最大挠度的绝对值减小 9.07%,最大弯矩增幅为 0.19%;贝雷梁最大挠度的绝对值减小 8.83%,

最大弯矩减小 8.94%。

图 6-6 和图 6-7 分别为连续双层梁在不同系梁弹性模量作用下的变形与弯矩的变化曲线图。由图 6-6 和图 6-7 可知，相较于初始值，随着混凝土弹性模量的增加，系梁最大挠度的绝对值随之减小、弯矩随之增大；贝雷梁最大挠度的绝对值与弯矩均随之减小。除了贝雷梁弯矩变化幅度的最大值出现在跨中支座处以外，系梁挠度、贝雷梁挠度以及系梁弯矩变化幅度的最大值均出现在靠近梁端处。

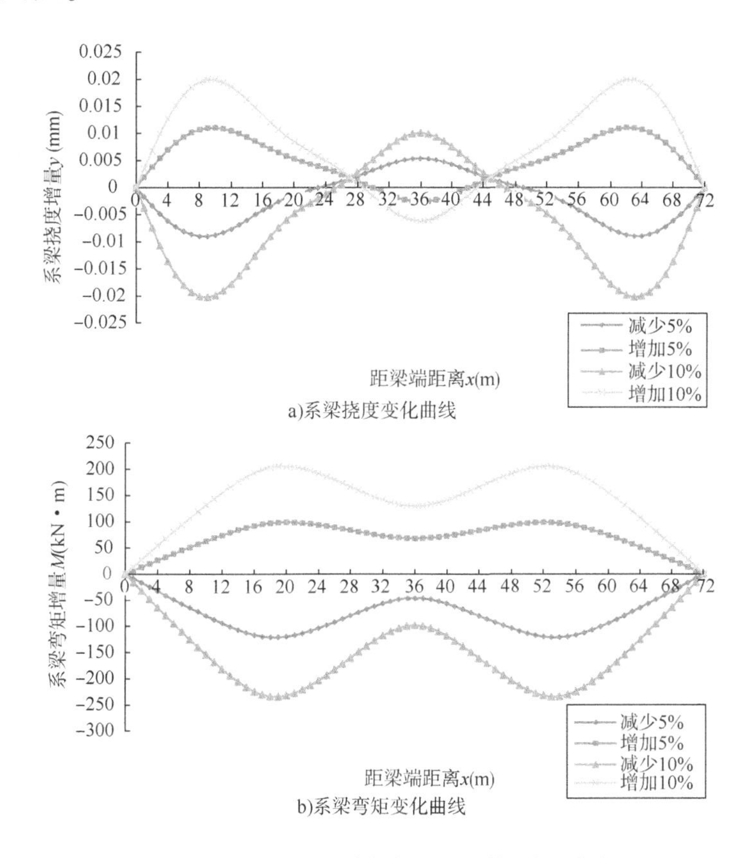

a)系梁挠度变化曲线

b)系梁弯矩变化曲线

图 6-6　连续双层梁系梁受力随系梁弹性模量变化曲线图

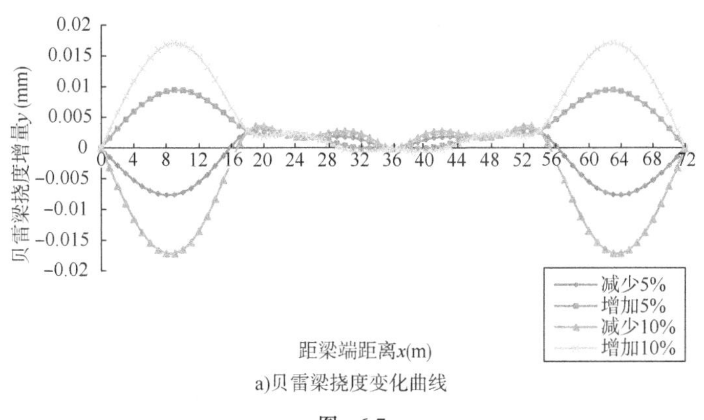

a)贝雷梁挠度变化曲线

图　6-7

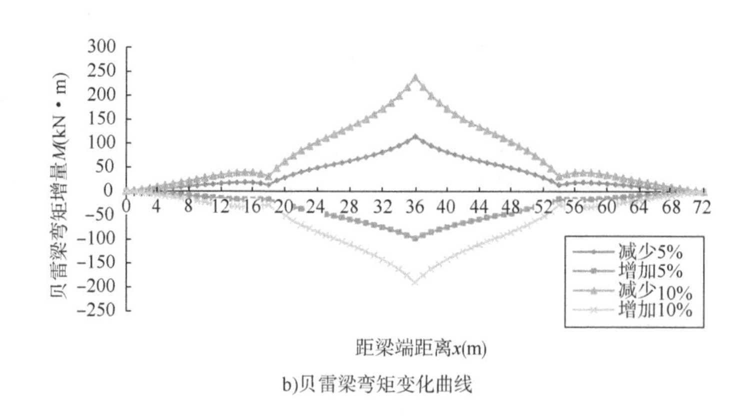

b)贝雷梁弯矩变化曲线

图6-7 连续双层梁贝雷梁受力随系梁弹性模量变化曲线图

就系梁的挠度而言,在梁端0~27m和45~72m范围内,混凝土的弹性模量越大,系梁的挠度绝对值越小,当弹性模量增长10%时,系梁的挠度减少0.02mm,相较于初始值减少2.38%;在跨中27~45m范围内,混凝土的弹性模量越大,系梁的挠度越大,但此处系梁的挠度曲线变化较小,且此处变化较为明显,当弹性模量增加10%时,系梁的挠度增加0.006mm,相较于初始值增长了1.54%。

就系梁的弯矩来看,在全桥通长范围内,混凝土的弹性模量越大,系梁的弯矩越大,在系梁两端的变化幅度最大,跨中处的变化幅度相对较小,当弹性模量增加10%时,弯矩最大增加205.2kN·m,相较于初始值增大19.78%。

就贝雷梁的挠度而言,在梁端0~18m和54~72m范围内,混凝土的弹性模量越大,贝雷梁的挠度绝对值越小,且此处变化得最为明显,当弹性模量增加10%时,贝雷梁的挠度减少0.02mm,相较于初始值减少2.71%;在跨中处18~54m范围内,贝雷梁的挠度也会随着混凝土弹性模量的变化而产生波动,但此处贝雷梁的挠度曲线变化较小。

就贝雷梁的弯矩来看,在全桥通长范围内,混凝土的弹性模量越大,贝雷梁的弯矩越小,在跨中支座处的变化最为明显,当弹性模量增加10%时,最大弯矩减小189.9kN·m,相较于初始值减小6.23%。

由此可知,对于简支双层梁结构而言,随着系梁弹性模量的变化,系梁的挠度以及贝雷梁的挠度与弯矩均会出现较大的变化,而系梁的弯矩并不会因此出现较大的波动;对于连续双层梁结构而言,随着系梁弹性模量在一定范围内的变化,系梁和贝雷梁的挠度变化较小,二者的弯矩变化较大。

6.3.2 弹性夹层刚度的影响分析

为了探索系梁与贝雷梁支架弹性夹层的刚度对双层梁系统受力情况的影响程度,按照对弹性夹层刚度减少5%、增加5%、减少10%以及增加10%对双层梁系统的变形与内力进行计算分析。

图6-8和图6-9分别为简支双层梁在不同弹性夹层刚度对照组作用下的变形与弯矩变化曲线图。

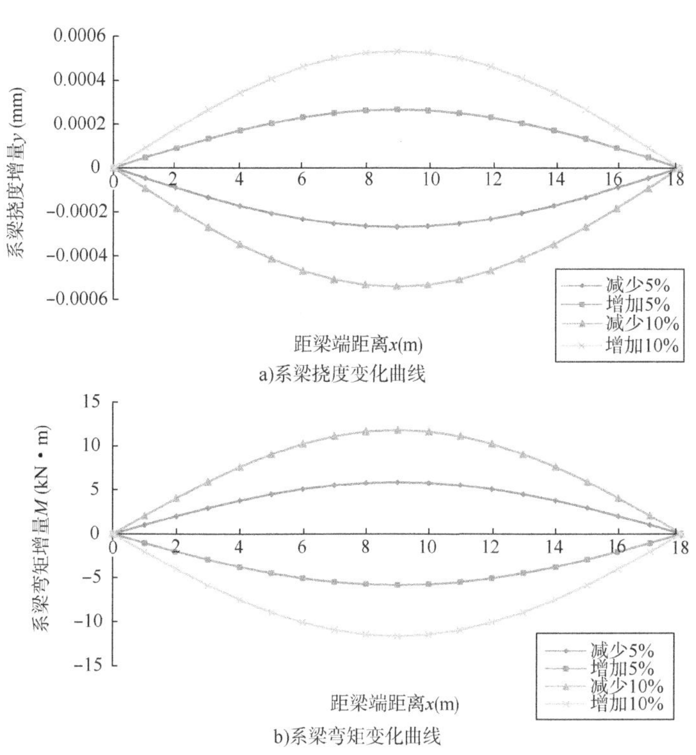

a)系梁挠度变化曲线

b)系梁弯矩变化曲线

图6-8 简支双层梁系梁受力随弹性夹层刚度变化曲线图

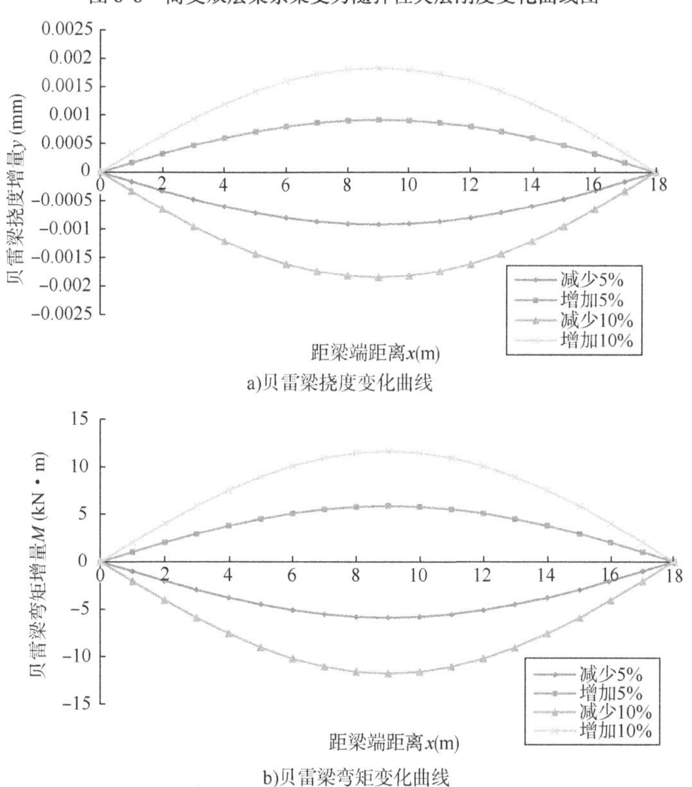

a)贝雷梁挠度变化曲线

b)贝雷梁弯矩变化曲线

图6-9 简支双层梁贝雷梁受力随弹性夹层刚度变化曲线图

由图 6-9 可知,随着弹性夹层刚度的变化,系梁的挠度与弯矩曲线虽有变化,但变化的幅度非常有限;贝雷梁的挠度绝对值和弯矩均随着弹性夹层刚度的增大而增大,但是增大的幅度也相对有限。由此可见,此简支双层梁系统中弹性夹层刚度在一定范围内的变化并不会对整体结构的受力造成明显的影响。

表 6-6 为简支双层梁受力的最值统计。

简支双层梁受力最值统计表 表 6-6

调整参数	计算项目	初始值	减少 5%	增加 5%	减少 10%	增加 10%
系梁	挠度(mm)	-0.280	-0.280	-0.280	-0.280	-0.280
	弯矩(kN·m)	5949.8	5950.1	5949.6	5950.4	5949.3
贝雷梁	挠度(mm)	-0.266	-0.266	-0.267	-0.265	-0.267
	弯矩(kN·m)	125.2	124.9	125.4	124.6	125.7

图 6-10 和图 6-11 分别为连续双层梁在不同弹性夹层刚度对照组作用下的变形与弯矩变化曲线图。由图 6-10、图 6-11 可知,随着双层梁结构弹性夹层刚度的增加,系梁的挠度、弯矩以及贝雷梁挠度的变化趋势较为接近,贝雷梁的弯矩变化图相对而言则有较为明显的区别。系梁的挠度、弯矩以及贝雷梁的挠度均随着弹性夹层刚度的增加而减小,贝雷梁的弯矩在支座附近会随着弹性夹层刚度的增加而减小,在其余部分则会随之增大。

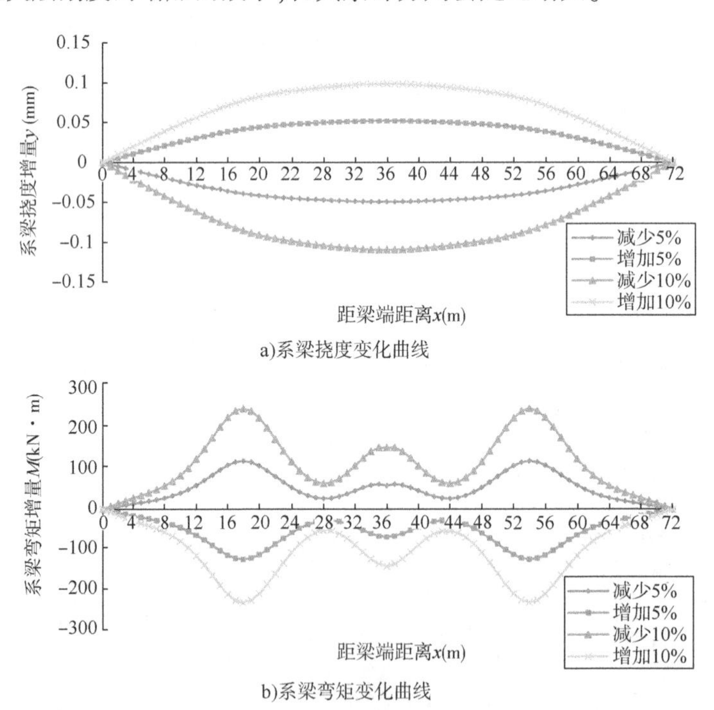

图 6-10 连续双层梁系梁受力随弹性夹层刚度变化曲线图

就系梁的挠度而言,在系梁通长范围内,弹性夹层的刚度越大,系梁挠度的绝对值越小,当弹性模量增加 10% 时,系梁的挠度减少 0.10mm,相较于初始值减少 7.2%,变化的幅度较为明显。就系梁的弯矩来看,全桥通长范围内,弹性夹层的刚度越大,系梁的弯矩越小,在 0~28m

和44～72m范围内变化幅度最大，在32～40m范围内变化幅度相对较小，当弹性夹层的刚度增加10%时，弯矩最大值减小216.6kN·m，相较于初始值减小了20.33%。

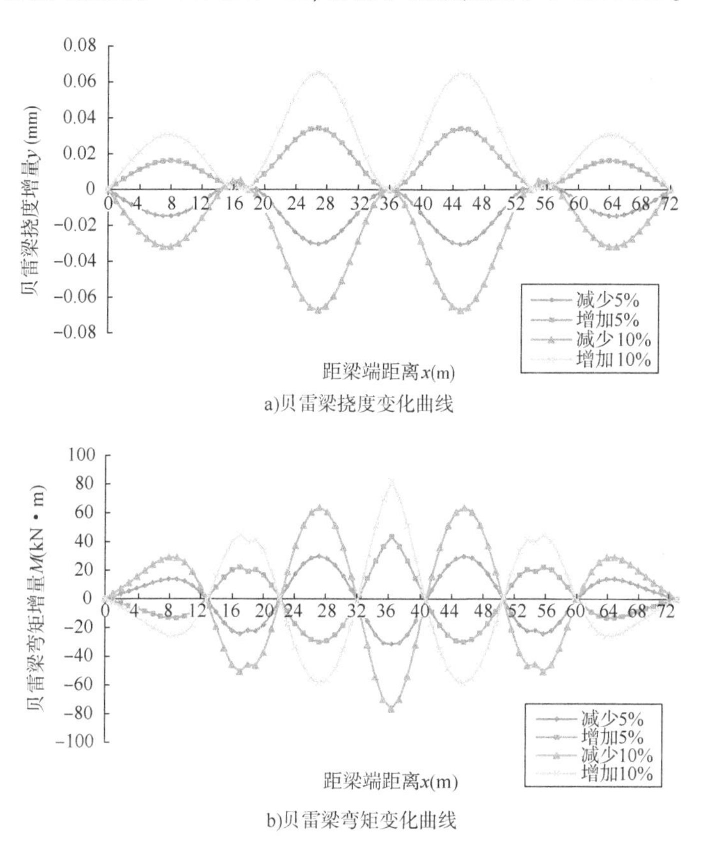

a)贝雷梁挠度变化曲线

b)贝雷梁弯矩变化曲线

图6-11 连续双层梁贝雷梁受力随弹性夹层刚度变化曲线图

就贝雷梁的挠度而言，除了在支座处的挠度没有明显变化外，在其余部分，弹性夹层的刚度越大，贝雷梁的挠度绝对值越小，且变化得较为明显，当弹性夹层的刚度增加10%时，贝雷梁的挠度减少0.065mm，相较于初始值减少5.25%。就贝雷梁的弯矩来看，在贝雷梁的支座附近，即13～22m、32～40m以及50～59m范围内，随着弹性夹层的刚度的增大，贝雷梁的弯矩绝对值越小，这是支座附近的负弯矩导致的，在其余部分贝雷梁的弯矩随着弹性夹层的刚度的增加而增加，当弹性夹层的刚度增加10%时，支座处最大弯矩的绝对值减小82.1kN·m，相较于初始值减小了2.70%，其余部分的最大弯矩绝对值减小了58.4kN·m，相较于初始值减小了5.52%。

由此可知，对于简支双层梁结构而言，随着上、下梁之间弹性夹层刚度在一定范围内的变化，系梁的挠度和弯矩均不会出现明显的变化；而贝雷梁的挠度与弯矩则会随着弹性夹层刚度的增大而增大，但增大的幅度极为有限，均未超过3%。

对于连续双层梁结构而言，随着上、下梁之间弹性夹层刚度在一定范围内的变化，系梁的挠度、弯矩均会产生较大的变化，相对来说，贝雷梁挠度与弯矩的变化幅度则略小。

6.3.3 贝雷梁弹性模量的影响分析

为了探索贝雷梁弹性模量对双层梁系统受力情况的影响程度,按照对贝雷梁弹性模量减少5%、增加5%、减少10%以及增加10%对双层梁系统的变形与内力进行计算分析。

图6-12和图6-13分别为简支双层梁在不同贝雷梁弹性模量对照组作用下的变形与弯矩变化曲线图。

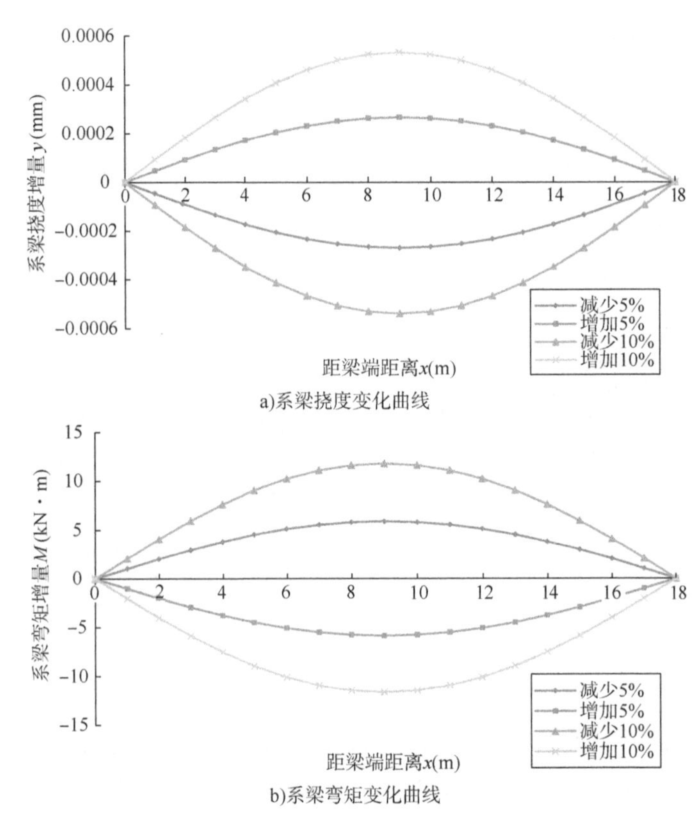

a)系梁挠度变化曲线

b)系梁弯矩变化曲线

图6-12　简支双层梁系梁受力随贝雷梁弹性模量变化曲线图

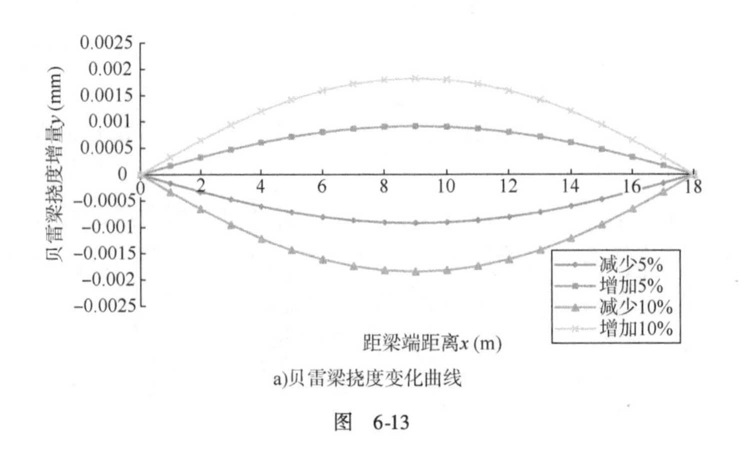

a)贝雷梁挠度变化曲线

图　6-13

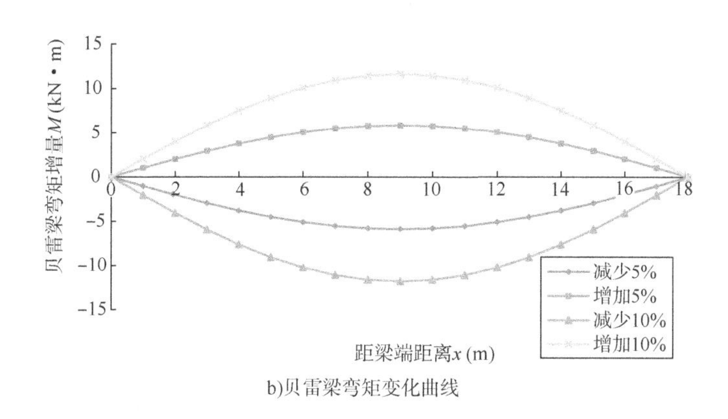

b)贝雷梁弯矩变化曲线

图6-13 简支双层梁贝雷梁受力随贝雷梁弹性模量变化曲线图

由图6-12、图6-13可知,随着贝雷梁弹性模量的变化,系梁挠度与弯矩以及贝雷梁的挠度增长变化趋势基本相同。随着贝雷梁弹性模量的增加,系梁挠度与弯矩以及贝雷梁的挠度均随之减小,而贝雷梁的弯矩随之增加。表6-7为系梁与贝雷梁受力的最值统计。

简支双层梁系梁与贝雷梁受力最值统计表 表6-7

调整参数	计算项目	初始值	减少5%	增加5%	减少10%	增加10%
系梁	挠度(mm)	-0.280	-0.280	-0.279	-0.280	-0.279
	弯矩(kN·m)	5949.8	5955.7	5944.0	5961.6	5938.2
贝雷梁	挠度(mm)	-0.266	-0.267	-0.265	-0.268	-0.264
	弯矩(kN·m)	125.2	119.3	131.0	113.4	136.8

由表6-7可知,相较于初始值,系梁最大挠度和弯矩以及贝雷梁的挠度几乎始终未随着贝雷梁弹性模量的调整产生明显的变化。当贝雷梁弹性模量减少5%时,最大弯矩的降幅为4.71%;当贝雷梁弹性模量减少10%时,最大弯矩的降幅为9.44%;当贝雷梁弹性模量增加5%时,最大弯矩增幅为4.65%;当贝雷梁弹性模量增加10%时,最大弯矩增幅为9.28%。

图6-14和图6-15分别为连续双层梁在不同贝雷梁弹性模量对照组作用下的变形与弯矩变化曲线图。由图6-14、图6-15可以看出,若排除双层梁结构中支座部分的受力变化,其余部分系梁的变形与弯矩及贝雷梁的挠度随贝雷梁弹性模量变化的趋势基本相同。随着贝雷梁弹性模量的增加,系梁的挠度、弯矩以及贝雷梁的挠度均呈现增减小的趋势,而贝雷梁的弯矩则随之增加。

就系梁的挠度而言,在系梁通长范围内,贝雷梁的弹性模量越大,系梁挠度的绝对值越小,当弹性模量增加10%时,系梁的挠度减少0.045mm,相较于初始值减少3.21%。就系梁的弯矩来看,若排除支座处负弯矩的影响,贝雷梁的弹性模量越大,系梁的弯矩则越小,且在跨中处的变化最为明显,靠近梁端处的变化相对较小,当贝雷梁的弹性模量增加10%时,弯矩最大值减小111.5kN·m,相较于初始值减小了4.63%。

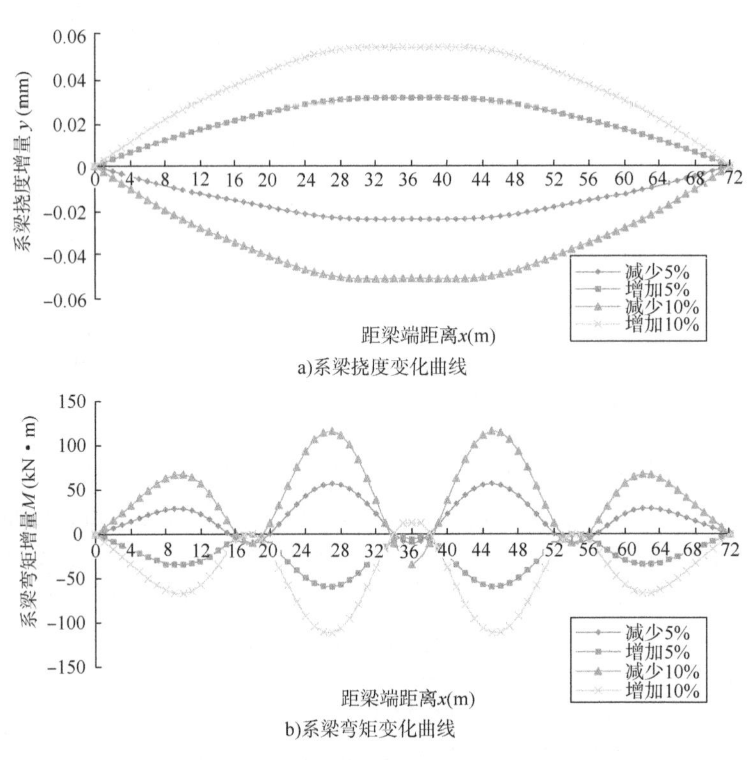

a)系梁挠度变化曲线

b)系梁弯矩变化曲线

图 6-14　连续双层梁系梁受力随贝雷梁弹性模量变化曲线图

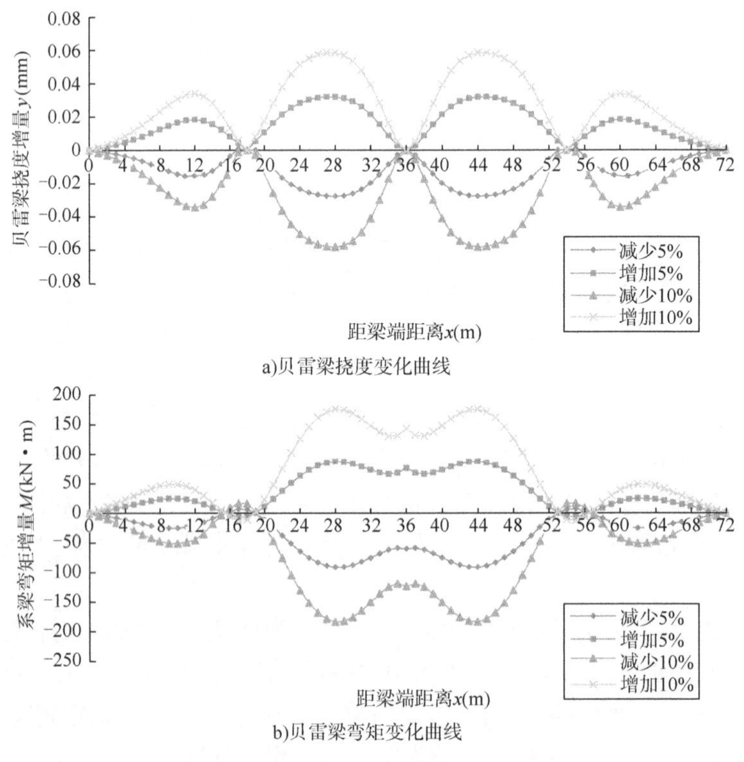

a)贝雷梁挠度变化曲线

b)贝雷梁弯矩变化曲线

图 6-15　连续双层梁贝雷梁受力随贝雷梁弹性模量变化曲线图

就贝雷梁的挠度而言，除了在支座处的挠度没有明显变化外，在其余部分，贝雷梁的弹性模量越大，贝雷梁挠度的绝对值越小，且变化得较为明显，当贝雷梁的弹性模量增加10%时，贝雷梁的挠度减少0.058mm，相较于初始值减少4.68%。就贝雷梁的弯矩来看，若排除支座的干扰，在双层梁结构通长范围内，随着贝雷梁的弹性模量的增大，贝雷梁的弯矩绝对值越大，当贝雷梁的弹性模量增加10%时，贝雷梁的最大弯矩增加了175.6kN·m，相较于初始值增加了16.92%。

由此可知，对于简支双层梁结构而言，随着贝雷梁弹性模量在一定范围内的变化，系梁的挠度和弯矩及贝雷梁的挠度均不会出现明显的变化；而贝雷梁的弯矩则会随着贝雷梁弹性模量的增大而增大，且增大的幅度均较为明显。

对于连续双层梁结构而言，若排除支座的影响，随着贝雷梁弹性模量在一定范围内的变化，贝雷梁的弯矩会随之产生较大的变化，系梁的变形与弯矩及贝雷梁的挠度虽然也会产生变化，但变化的幅度相对较小。

6.4　本章小结

本章采用有限元对系梁-梁柱式支架协同受力模型进行了验证，分析了系梁混凝土弹性模量E_1、双层梁之间弹性夹层刚度c、贝雷梁弹性模量E_2对双层梁系统受力的影响。结果表明：

(1)系梁弹性模量的变化对于简支双层梁结构中系梁的挠度、贝雷梁的挠度和弯矩均会产生较大的影响，系梁的弯矩波动较小；系梁弹性模量的变化对于连续双层梁结构中系梁和贝雷梁的挠度影响较小，对二者的弯矩影响显著。

(2)对简支双层梁系统来说，弹性夹层刚度的变化对整体受力影响不大；对连续双层梁系统来说，其对系梁的挠度、弯矩以及贝雷梁的弯矩均会产生较大的影响，对贝雷梁挠度的影响则相对较小。

(3)贝雷梁弹性模量的变化对系梁的变形、弯矩以及贝雷梁的变形产生的影响较小，对贝雷梁弯矩的影响较大。

第 7 章

集中荷载作用下系梁与梁柱式支架协同受力研究

7.1　集中荷载作用下系梁与梁柱式支架协同受力特解项求解

双层梁的特解项计算，同样需根据初参数进行求解。下梁为四跨连续梁体系，计算时上、下梁需在下梁支撑处分割为 $l_1 \sim l_4$，各段分别建立上梁和下梁的力学方程。计算时除考虑上、下梁支撑处的边界条件外，还需考虑分段的上梁和下梁在连接位置的连续性条件，边界条件和连续性条件共同组成方程求解的初参数。上层梁仅承受单个集中荷载作用的力学计算模型如图 7-1 所示。

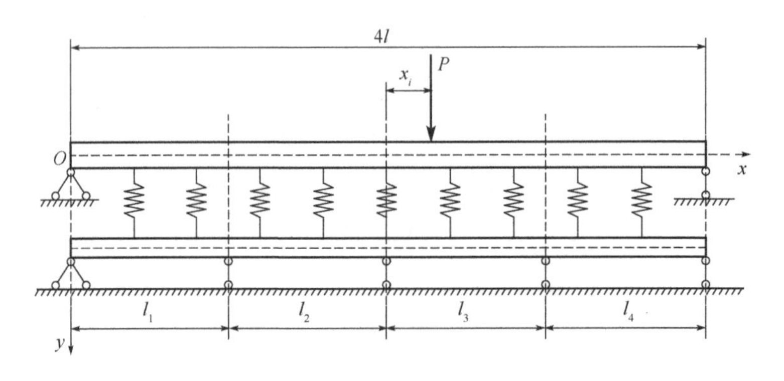

图 7-1　双层梁受力分析示意图

对于上梁有荷载作用的计算梁段，如图示中 l_3，当 $x > x_i$，将坐标轴原点移至 $x = x_i$ 点，则上梁在该点的变形连续条件为：

$$\begin{cases} y_{1i} = 0 \\ \theta_{1i} = 0 \\ M_{1i} = 0 \\ Q_{1i} = -P \end{cases} \tag{7-1}$$

以上初参数代入式(2-21)可得：

$$\begin{cases}\Delta y_{1\mathrm{P}}=P\dfrac{2\beta^3cx^3-8E_1I_1\beta^7x^3+3c\varphi_{7\alpha(x-x_i)}}{48\,(E_1I_1)^2\beta^7}\\\Delta\theta_{1\mathrm{P}}=P\dfrac{\beta^2(c-4E_1I_1\beta^4)x^2-c\varphi_{1\alpha(x-x_i)}}{8\,(E_1I_1)^2\beta^6}\\\Delta M_{1\mathrm{P}}=P\dfrac{-2\beta cx+8E_1I_1\beta^5x+c\varphi_{5\alpha(x-x_i)}}{8E_1I_1\beta^5}\\\Delta Q_{1\mathrm{P}}=P\dfrac{-c+4E_1I_1\beta^4+c\varphi_{3\alpha(x-x_i)}}{4E_1I_1\beta^4}\end{cases}\tag{7-2}$$

对于上梁荷载作用梁段(l_3)中 $x<x_i$ 的部分和没有荷载作用的梁段(l_1、l_2、l_4),式(7-1)不存在,即该梁段上只有通解项,集中荷载不产生特解项。

在双层梁计算时同时作用有多个集中荷载的情况下,上梁位移、转角、弯矩、剪力的完整解等于通解加上所有与该分段集中荷载有关的特解,可表示为:

$$\begin{cases}y_1=y_{10}\left[1+\dfrac{c(\varphi_3-1)}{4E_1I_1\beta^4}\right]+\theta_{10}\dfrac{-2\beta cx+8E_1I_1\beta^5x+c\varphi_5}{8E_1I_1\beta^5}+M_{10}\dfrac{c\beta^2x^2-4\beta^6E_1I_1x^2-c\varphi_1}{8\,(E_1I_1)^2\beta^6}+\\\quad Q_{10}\dfrac{2\beta^3cx^3-8E_1I_1\beta^7x^3+3c\varphi_7}{48\,(E_1I_1)^2\beta^7}+y_{20}\dfrac{c(1-\varphi_3)}{4E_1I_1\beta^4}+\theta_{20}\dfrac{c(2\beta x-\varphi_5)}{8E_1I_1\beta^5}+\\\quad M_{20}\dfrac{c(-\beta^2x^2+\varphi_1)}{8E_1I_1E_2I_2\beta^6}+Q_{20}\dfrac{c(2\beta^3x^3+3\varphi_7)}{48E_1I_1E_2I_2\beta^7}+\sum_{i=1}^{n}P_i\dfrac{2\beta^3cx^3-8E_1I_1\beta^7x^3+3c\varphi_{7\alpha(x-x_i)}}{48\,(E_1I_1)^2\beta^7}\\\theta_1=y_{10}\dfrac{c\varphi_7}{4E_1I_1\beta^3}+\theta_{10}\dfrac{-c+4E_1I_1\beta^4+c\varphi_3}{4E_1I_1\beta^4}+M_{10}\dfrac{2c\beta x-8\beta^5E_1I_1x-c\varphi_5}{8\,(E_1I_1)^2\beta^5}+\\\quad Q_{10}\dfrac{\beta^2(c-4E_1I_1\beta^4)x^2-c\varphi_1}{8\,(E_1I_1)^2\beta^6}+y_{20}\dfrac{-c\varphi_7}{4E_1I_1\beta^3}+\theta_{20}\dfrac{c(1-\varphi_3)}{4E_1I_1\beta^4}+M_{20}\dfrac{c(-2\beta x+\varphi_5)}{8E_1I_1E_2I_2\beta^5}+\\\quad Q_{20}\dfrac{-c(\beta^2x^2-\varphi_1)}{8E_1I_1E_2I_2\beta^6}+\sum_{i=1}^{n}P_i\dfrac{\beta^2(c-4E_1I_1\beta^4)x^2-c\varphi_{1\alpha(x-x_i)}}{8\,(E_1I_1)^2\beta^6}\\M_1=y_{10}\dfrac{c\varphi_1}{2\beta^2}+\theta_{10}\dfrac{-c\varphi_7}{4\beta^3}+M_{10}\dfrac{-c+4E_1I_1\beta^4+c\varphi_3}{4E_1I_1\beta^4}+Q_{10}\dfrac{-2\beta cx+8E_1I_1\beta^5x+c\varphi_5}{8E_1I_1\beta^5}+\\\quad y_{20}\dfrac{-c\varphi_1}{2\beta^2}+\theta_{20}\dfrac{c\varphi_7}{4\beta^3}+M_{20}\dfrac{c(1-\varphi_3)}{4E_2I_2\beta^4}+Q_{20}\dfrac{c(2\beta x-\varphi_5)}{8E_2I_2\beta^5}+\\\quad\sum_{i=1}^{n}P_i\dfrac{-2\beta cx+8E_1I_1\beta^5x+c\varphi_{5\alpha(x-x_i)}}{8E_1I_1\beta^5}\\Q_1=y_{10}\dfrac{c\varphi_5}{2\beta}+\theta_{10}\dfrac{c\varphi_1}{2\beta^2}+M_{10}\dfrac{c\varphi_7}{4E_1I_1\beta^3}+Q_{10}\dfrac{-c+4E_1I_1\beta^4+c\varphi_3}{4E_1I_1\beta^4}+y_{20}\dfrac{-c\varphi_5}{2\beta}+\theta_{20}\dfrac{-c\varphi_1}{2\beta^2}+\\\quad M_{20}\dfrac{-c\varphi_7}{4E_2I_2\beta^3}+Q_{20}\dfrac{c(1-\varphi_3)}{4E_2I_2\beta^4}+\sum_{i=1}^{n}P_i\dfrac{-c+4E_1I_1\beta^4+c\varphi_{3\alpha(x-x_i)}}{4E_1I_1\beta^4}\end{cases}\tag{7-3}$$

集中荷载作用下下梁的位移、转角、弯矩、剪力的完整解仅为通解项，表达式仍为式(7-2)。

求解时根据各梁段边界条件和连续条件，将梁截面的各段相应参数均使用“初参数”进行表示，上梁的变形、转角、弯矩与剪力依次表达为 y_{1i}、θ_{1i}、M_{1i}、Q_{1i}，下梁的变形、转角、弯矩与剪力依次表达为 y_{2i}、θ_{2i}、M_{2i}、Q_{2i}，其中 $i=1$、2、3、4。其边界条件和连续性条件可按照以下表示。

(1)边界条件

在 $x=0$ 和 $x=4l$ 处，上梁、下梁的位移与弯矩均为 0，在 $x=l$、$x=2l$、$x=3l$ 处下梁位移为 0。边界条件列于表 7-1 中。

计算模型边界条件表 表 7-1

位置	$x=0$	$x=l$	$x=2l$	$x=3l$	$x=4l$
上梁	$y_{10}=0$	—	—	—	$y_{14}=0$
	$M_{10}=0$	—	—	—	$M_{14}=0$
下梁	$y_{20}=0$	$y_{21}=0$	$y_{22}=0$	$y_{23}=0$	$y_{24}=0$
	$M_{20}=0$	—	—	—	$M_{24}=0$

(2)连续性条件

连续性条件出现在分段连接的下梁支撑位置，即 $x=l$、$x=2l$、$x=3l$。

上梁连续点两侧的位移、转角、弯矩及剪力均是连续的，即该位置两侧分段方程在该点处的位移、弯矩、转角和剪力相等。对于下梁，连续点两侧的位移、转角及弯矩均是连续的，即该位置两侧分段方程在该点处的位移、弯矩及转角相等。

连续性条件列于表 7-2 中。

计算模型连续条件表 表 7-2

位置	$x=l$	$x=2l$	$x=3l$
上梁	$y_{11}\|_{x=l}=y_{12}\|_{x=l}$	$y_{12}\|_{x=2l}=y_{13}\|_{x=2l}$	$y_{13}\|_{x=3l}=y_{14}\|_{x=3l}$
	$\theta_{11}\|_{x=l}=\theta_{12}\|_{x=l}$	$\theta_{12}\|_{x=2l}=\theta_{13}\|_{x=2l}$	$\theta_{13}\|_{x=3l}=\theta_{14}\|_{x=3l}$
	$M_{11}\|_{x=l}=M_{12}\|_{x=l}$	$M_{12}\|_{x=2l}=M_{13}\|_{x=2l}$	$M_{13}\|_{x=3l}=M_{14}\|_{x=3l}$
	$Q_{11}\|_{x=l}=Q_{12}\|_{x=l}$	$Q_{12}\|_{x=2l}=Q_{13}\|_{x=2l}$	$Q_{13}\|_{x=3l}=Q_{14}\|_{x=3l}$
下梁	$y_{21}\|_{x=l}=y_{22}\|_{x=l}$	$y_{22}\|_{x=2l}=y_{23}\|_{x=2l}$	$y_{23}\|_{x=3l}=y_{24}\|_{x=3l}$
	$\theta_{21}\|_{x=l}=\theta_{22}\|_{x=l}$	$\theta_{22}\|_{x=2l}=\theta_{23}\|_{x=2l}$	$\theta_{23}\|_{x=3l}=\theta_{24}\|_{x=3l}$
	$M_{21}\|_{x=l}=M_{22}\|_{x=l}$	$M_{22}\|_{x=2l}=M_{23}\|_{x=2l}$	$M_{23}\|_{x=3l}=M_{24}\|_{x=3l}$

对边界条件和连续性条件所列出的等式关系联立求解，可求得各分段方程的初参数，再将其回代至式(7-2)和式(7-3)中，即可求出双层梁结构受力模型完整的解析解。

7.2 模型验证

7.2.1 模型参数

采用有限元软件 SAP2000 建立系梁和贝雷梁支架的平面杆系协同受力模型进行验证计算。模型构建时均采用梁单元，上层梁截面采用系梁设计截面，下层梁截面则通过等效惯性矩法将其等效为矩形截面,等效时忽略贝雷梁之间花窗的影响。上、下层梁之间采用节点间弹簧连接,系梁在桥墩墩顶的支座和贝雷梁在钢管柱顶的支撑均采用一般支承模拟。模型主要参数如表7-3所示,系梁受到拱肋传递的集中荷载如表4-2所示。

模型参数表　　　　表7-3

上层梁弹性模量 E_1 (MPa)	上层梁截面惯性矩 I_1 (m^4)	夹层弹簧刚度 c (kN/m)	下层梁弹性模量 E_2 (MPa)	下层梁截面惯性矩 I_2 (m^4)
34500	21.72	1829553	206000	0.0626

7.2.2　公式推导与有限元计算结果对比

将表4-2、表7-3中的参数代入推导出的计算公式中可求得上层梁和下层梁的变形与内力的解析解,其与有限元模型计算结果的对比分析如图7-2～图7-4所示,计算结果列入表7-4中。

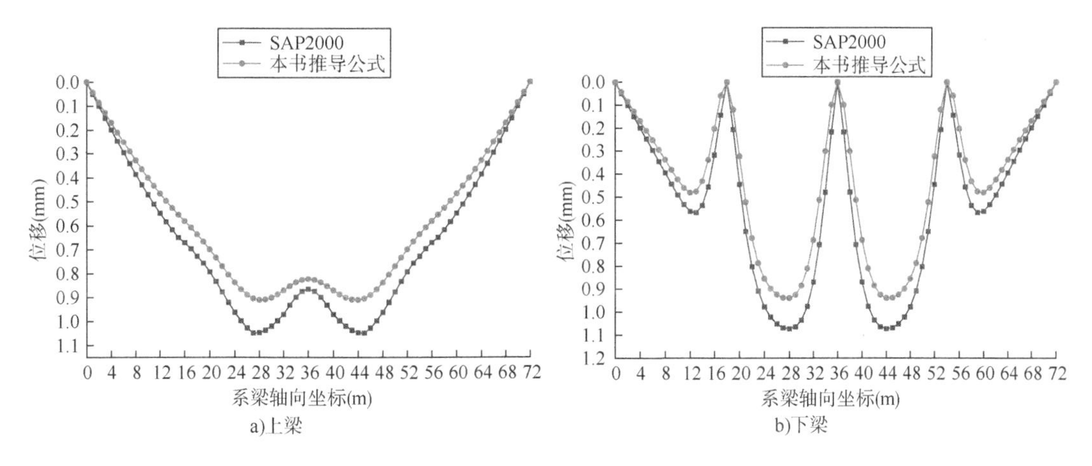

图7-2　竖向位移对比结果

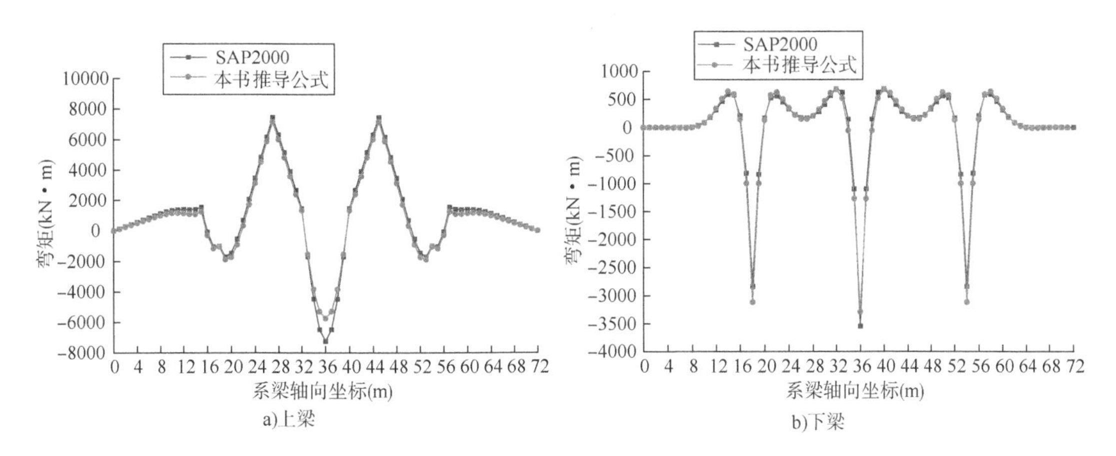

图7-3　弯矩对比结果

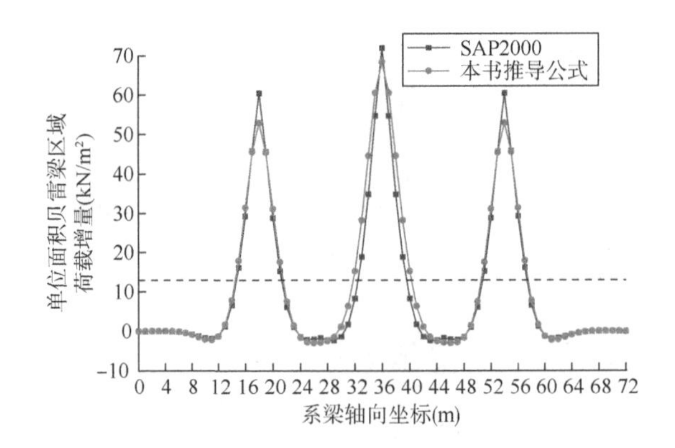

图7-4 单位面积贝雷梁区域荷载增量对比结果

注:图中虚线表示采用传统均分方法计算得到的后期荷载作用下贝雷梁区域荷载增量。

集中荷载作用下对比验证结果汇总表 表7-4

位置	对比验证项目	SAP2000 计算结果	解析解
上梁	最大位移值(mm)	-1.05	-0.91
	最大弯矩值(kN·m)	7443.5	7158.2
下梁	最大位移值(mm)	-1.07	-0.94
	最大弯矩值(kN·m)	-3542.9	-3290.7

从以上图中可以看出,有限元计算与公式推导所得的上梁的最大位移相对误差为13.2%,最大正弯矩相对误差为3.8%,最大负弯矩相对误差为20.0%;下梁的最大位移相对误差为12.4%,最大正弯矩相对误差为1.7%,最大负弯矩相对误差为7.1%。上梁与下梁的最大位移均出现在第二、三跨的跨中处,最大正弯矩出现在第二、三跨的集中荷载作用点处,最大负弯矩出现在第二、三跨之间支座处。位移曲线变化趋势基本符合,最大值相差较大,但仍小于15%;弯矩曲线吻合程度较高,但在极值点处相差较大,上梁负弯矩在中支点处相差最大,但仍小于20%。本书推导公式和有限元的分析结果基本吻合。

由上梁和下梁的弯矩可计算出其正应力,上层系梁的最大压应力与拉应力分别为0.42MPa和0.34MPa,下层贝雷梁的最大压应力与拉应力分别为8.10MPa和39.41MPa,与规范的限值相比较小。

根据承载比计算公式,集中荷载作用下贝雷梁支架的承载比为90.9%,贝雷梁承担大部分的后期荷载。与传统均分方法相比,贝雷梁中支撑处的荷载增量有所变大,且变大幅度较大。荷载增量大于均分方法所计算荷载增量的区域分布在15~21m、32~40m、51~57m范围内,占总长度的31.9%。在实际集中荷载作用下,采用传统均分方法计算贝雷梁荷载增量在钢管立柱支撑处偏于不安全,该位置的荷载增量较大,需进行加强处理。

7.3 敏感参数影响分析

由双层梁公式的推导部分可知,系梁的弹性模量、系梁的截面尺寸、夹层的刚度和贝雷梁的布置会对协同受力的分析结果产生影响,因此取上述四个因素进行敏感参数分析。

7.3.1　混凝土强度等级影响分析

对于系梁的弹性模量,计算所依托的系杆拱桥系梁的混凝土强度等级为C50,为分析混凝土强度变化对协同受力的影响,按其强度变化规律,同样取混凝土强度等级为C15~C45作为对照组进行对比分析,不同的混凝土强度等级意味着不同的弹性模量。弹性模量敏感性分析取值如表4-4所示。

图7-5~图7-8为荷载作用下系梁和贝雷梁的位移、弯矩、贝雷梁的荷载增量及承载比计算结果,系梁与贝雷梁的最大正应力列于表7-5中。

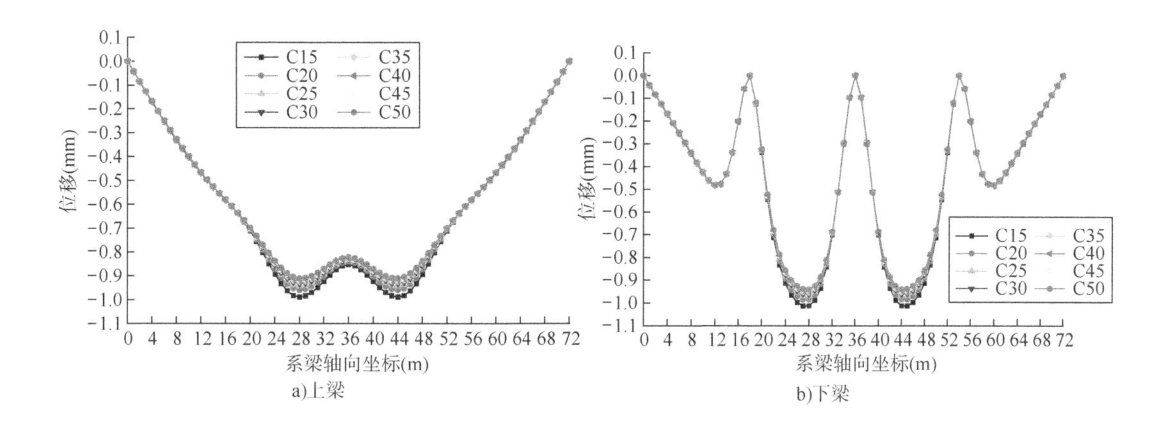

图7-5　不同混凝土强度等级位移对比结果

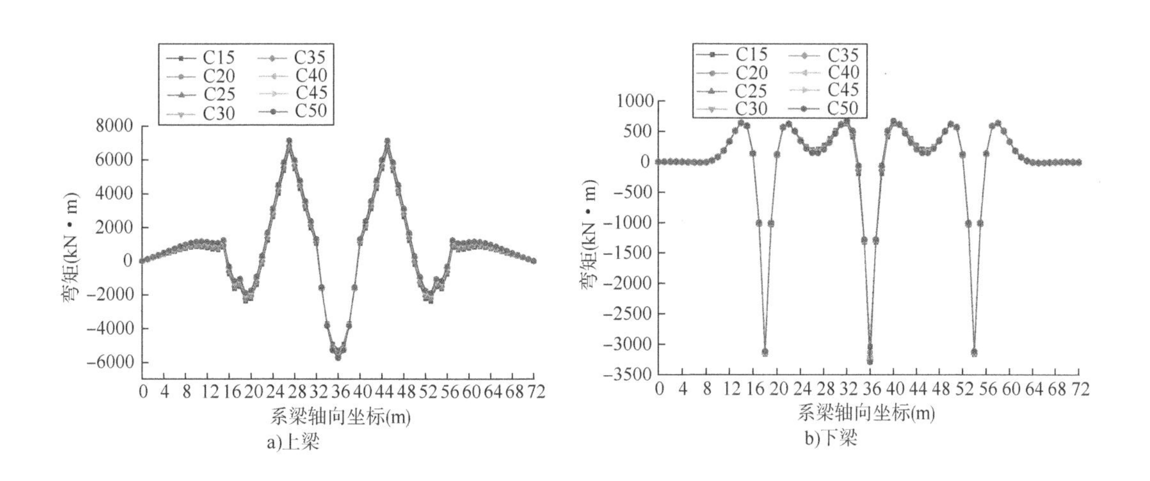

图7-6　不同混凝土强度等级弯矩对比结果

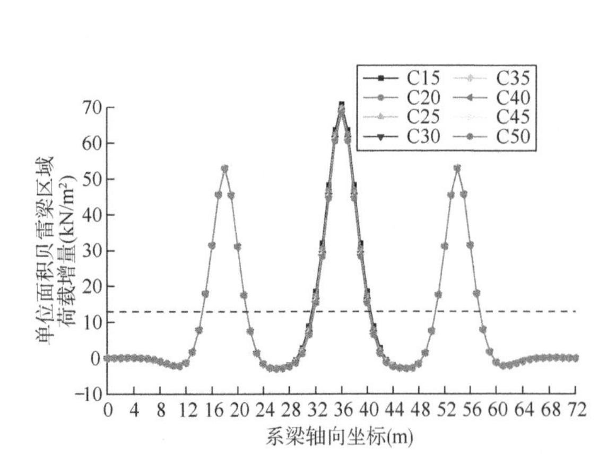

图7-7　不同混凝土强度等级单位面积贝雷梁区域荷载增量对比结果

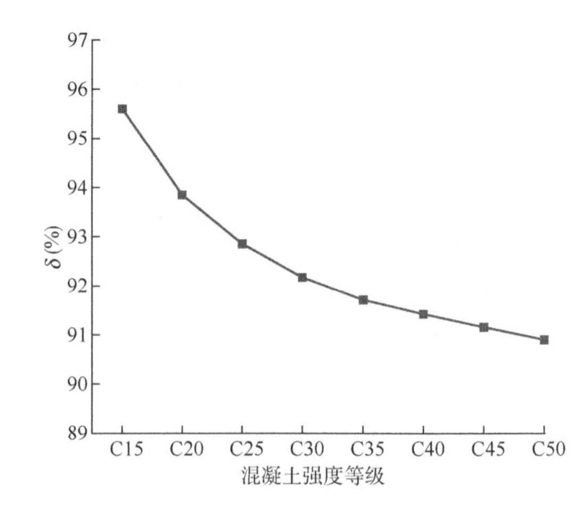

图7-8　承载比随混凝土强度等级的变化曲线

系梁和贝雷梁最大正应力　　表7-5

混凝土强度等级		C15	C20	C25	C30	C35	C40	C45	C50
系梁	最大压应力(MPa)	0.39	0.40	0.41	0.41	0.41	0.42	0.42	0.42
	最大拉应力(MPa)	0.31	0.32	0.33	0.33	0.33	0.33	0.34	0.34
贝雷梁	最大压应力(MPa)	7.67	7.74	7.86	7.95	8.00	8.04	8.07	8.10
	最大拉应力(MPa)	37.84	37.68	38.13	38.58	38.88	39.07	39.24	39.41

混凝土的强度等级由C15增大到C50过程中,集中荷载作用下系梁的位移计算结果变化较小,最大弯位随混凝土强度等级的增大而减小,位移曲线在第二、三跨跨中处相差较大,差值范围小于9%,其余位置位移曲线基本重合。荷载作用下的弯矩对比计算结果曲线趋势基本一致,仅在集中荷载作用点处有一定差值,最大弯矩随混凝土强度等级的增大而增大。贝雷梁支架的承载比随混凝土强度等级的增大而减小,当强度等级为C15时,系梁承担的荷载不足5%,强度等级由C15增大为C50,承载比减小4.7%。随混凝土强度等级的增大,系梁的最大拉应力和最大压应力有细微增加,贝雷梁的最大压应力和最大拉应力增加幅度较大。

从上述分析可知,混凝土的强度等级对于系梁和贝雷梁的弯矩影响很小,对位移和支架的承载比影响较大。随着混凝土的强度等级也就是弹性模量的增大,系梁和贝雷梁的最大位移及最大弯矩逐渐增大,这就意味着随着刚度的增加,混凝土系梁分担的荷载逐渐增加,承载比逐渐减小。

7.3.2　系梁截面高度影响分析

计算所取的截面高度为2.8m,对比分析时取梁高分别减小1.0m、减小0.5m、增大0.5m及增大1.0m,即梁高1.8m、2.3m、3.3m、3.8m作为对照组。截面尺寸敏感性分析取值如表4-6所示。

图7-9～图7-12分别为集中荷载作用下系梁和贝雷梁的位移、弯矩、贝雷梁的荷载增量及承载比计算结果,系梁与贝雷梁的最大正应力列于表7-6中。

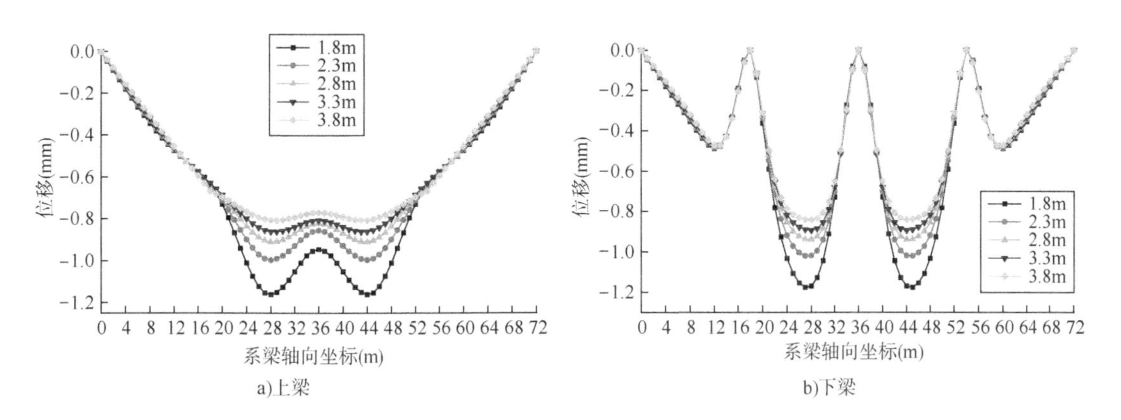

图7-9　不同系梁截面高度位移对比结果

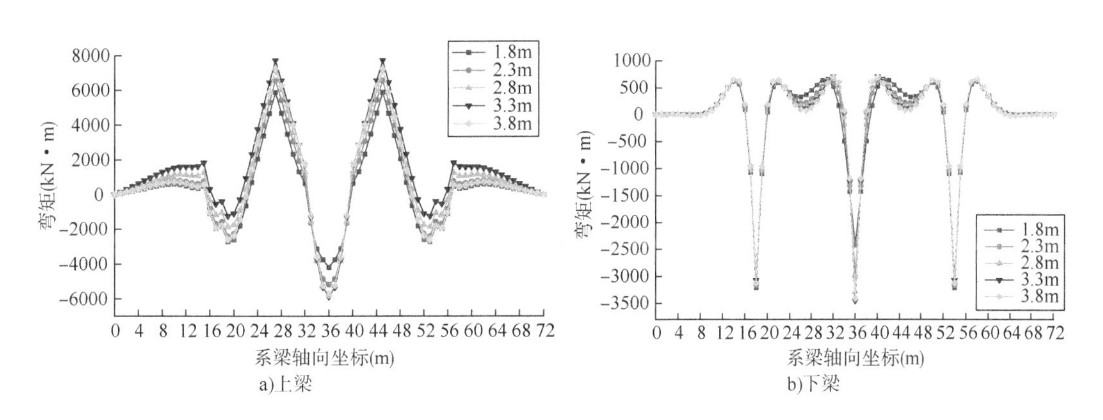

图7-10　不同系梁截面高度弯矩对比结果

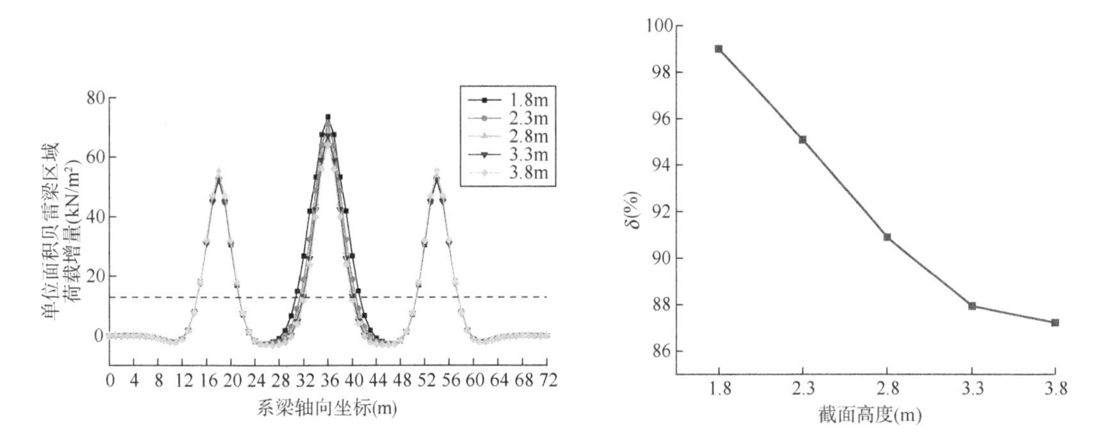

图7-11　不同系梁截面高度单位面积贝雷梁区域荷载增量对比结果

图7-12　承载比随系梁截面高度的变化曲线

系梁和贝雷梁最大正应力　　表7-6

截面高度(m)		1.8	2.3	2.8	3.3	3.8
系梁	最大压应力(MPa)	0.66	0.52	0.42	0.36	0.27
	最大拉应力(MPa)	0.43	0.40	0.34	0.27	0.22
贝雷梁	最大压应力(MPa)	7.83	7.67	8.10	8.48	8.32
	最大拉应力(MPa)	38.50	37.89	39.41	41.36	40.83

当系梁的截面高度改变时,系梁与贝雷梁在第一、四跨的位移变化均不大,曲线基本重合,在第二、三跨相差较大。系梁位移在20~52m范围内差值较大,占总长度的44.4%,贝雷梁在20~32m和40~52m范围内差值较大,占总长度的33.3%。改变系梁截面高度后系梁的弯矩整体分布趋势相同,上梁的弯矩曲线整体围绕对照组上下波动,变化值较小,贝雷梁弯矩整体变化很小,正弯矩在24~30m和42~48m范围内变化较大,占总长度的16.7%,负弯矩仅在钢管立柱支撑点处相差较大。

承载比随截面高度增大而减小,且减小幅度较大,在截面高度为1.8m时承载比为99.2%,系梁几乎不承担荷载。

从上述分析可知,对贝雷梁梁柱式支架来说,改变系梁的截面高度对于系梁和贝雷梁的位移影响较大,对两者的弯矩影响较小,对支架的承载比影响较大。

7.3.3 夹层刚度影响分析

计算所取的梁柱式支架夹层为竹胶板+方木+分配梁+盘扣架+分配梁,盘扣架的高度为1.5m,立杆规格为ϕ60mm×3.2mm重型盘扣架,立杆水平间距为0.9m×0.9m。对重型和标准型盘扣架横向间距取0.9m,纵向间距分别取0.6m、0.9m和1.2m计算分析。夹层刚度敏感性分析取值列于表7-7中。

双层梁夹层刚度信息表　　表7-7

类型	纵向间距(m)	横向间距(m)	等效刚度 c(kN/m)	刚度变化百分比(%)
ϕ48mm×3.2mm(标准型)	0.9	0.6	2103648.8	115.0
	0.9	0.9	1496816.7	81.8
	0.9	1.2	1161704.1	63.5
ϕ60mm×3.2mm(重型)	0.9	0.6	2535735.5	138.6
	0.9	0.9	1829553.3	100
	0.9	1.2	1431022.3	78.2

图7-13~图7-18分别为集中荷载作用下系梁和贝雷梁的位移、弯矩、贝雷梁的荷载增量及承载比计算结果,系梁与贝雷梁的最大正应力列于表7-8中。

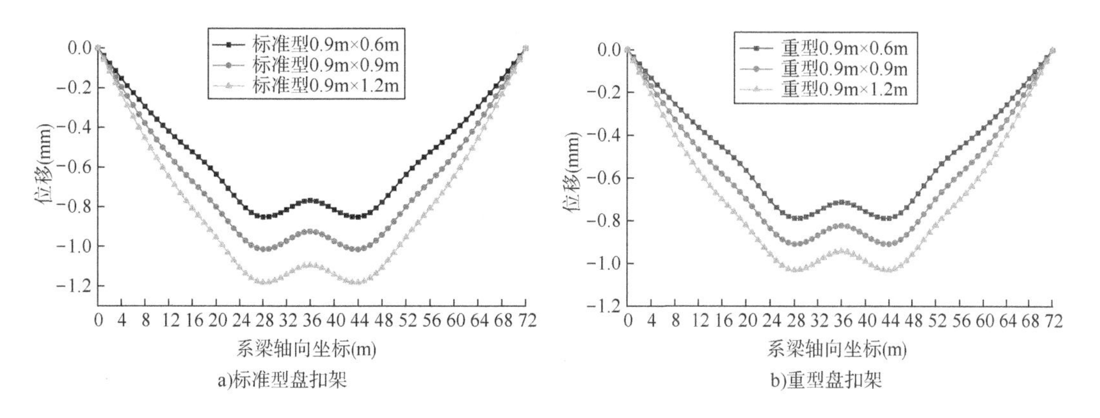

a)标准型盘扣架　　b)重型盘扣架

图7-13　不同夹层盘扣架布置上层梁位移对比结果

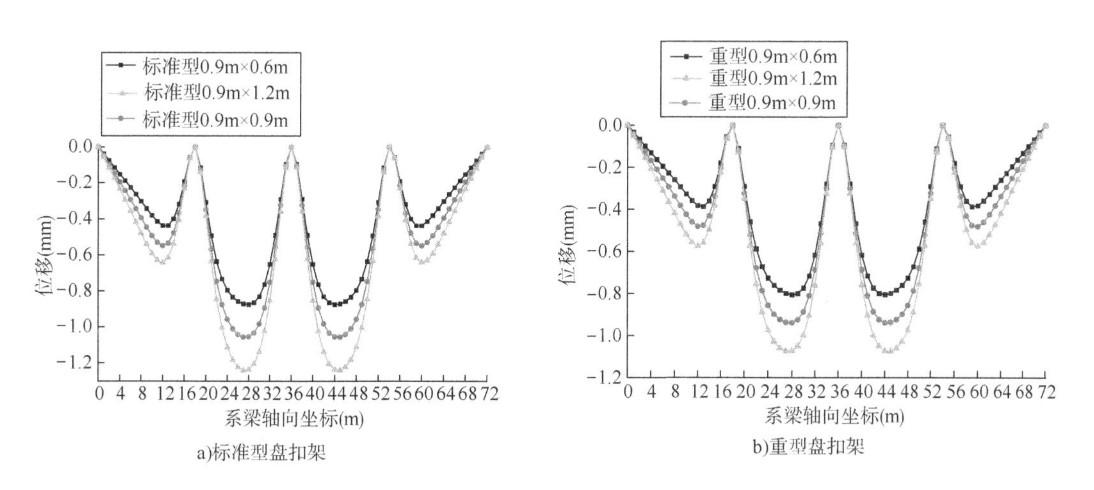

a)标准型盘扣架　　b)重型盘扣架

图7-14　不同夹层盘扣架布置下层梁位移对比结果

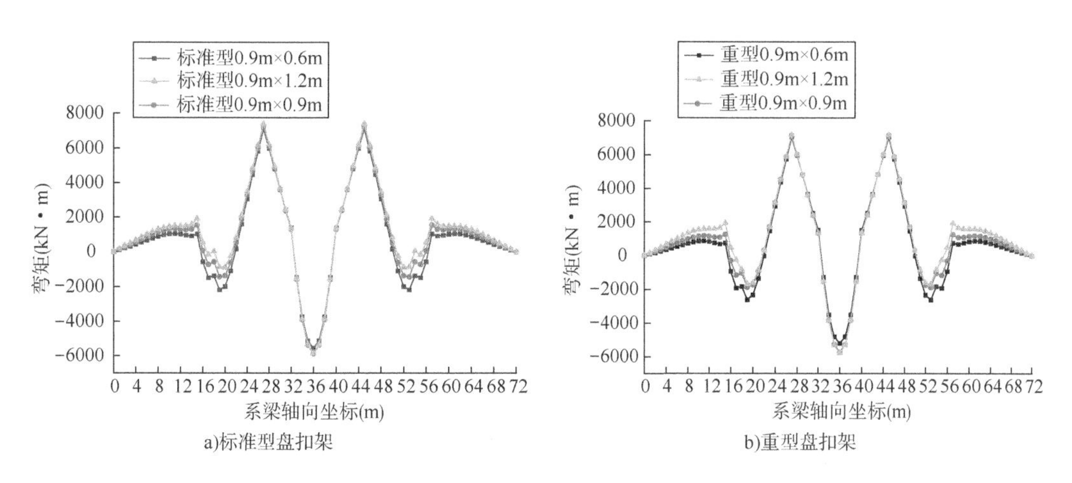

a)标准型盘扣架　　b)重型盘扣架

图7-15　不同夹层盘扣架布置上层梁弯矩对比结果

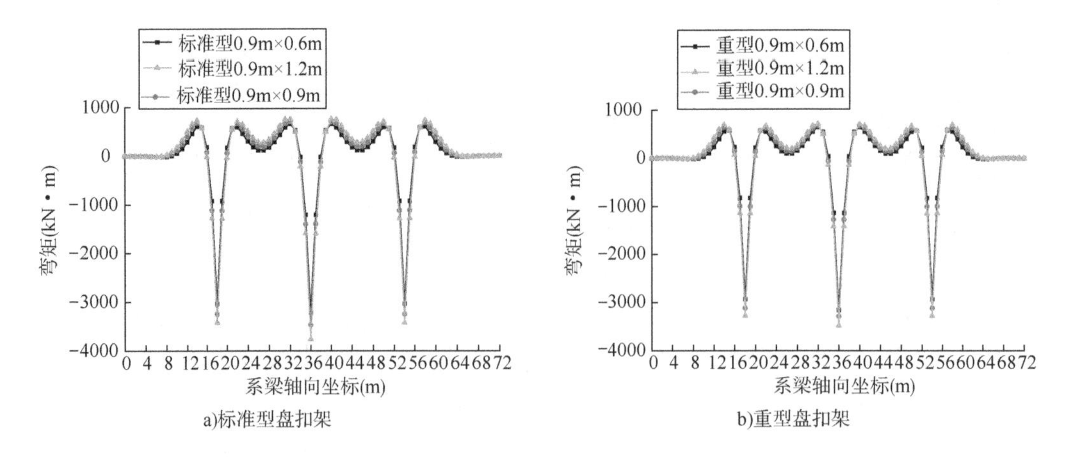

图 7-16 不同夹层盘扣架布置下层梁梁弯矩对比结果

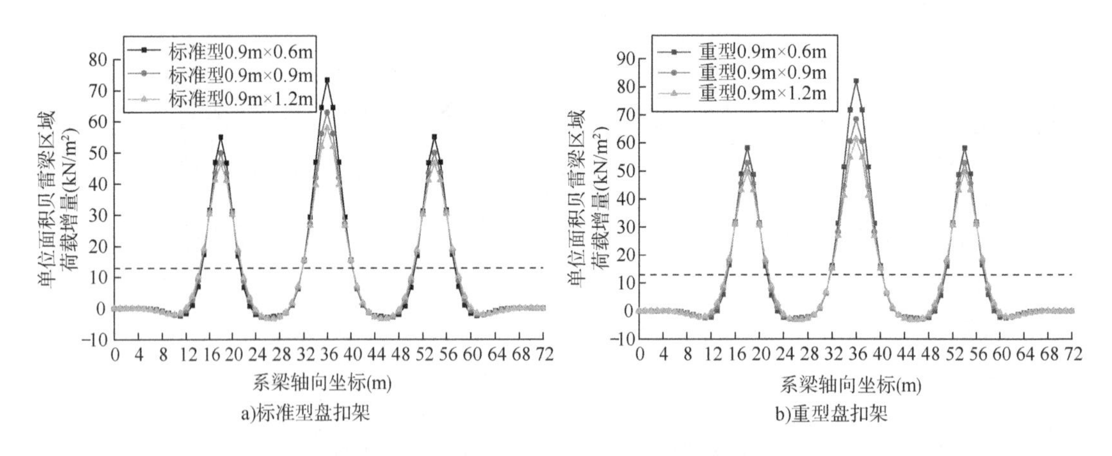

图 7-17 不同夹层盘扣架布置贝雷梁区域荷载增量对比结果

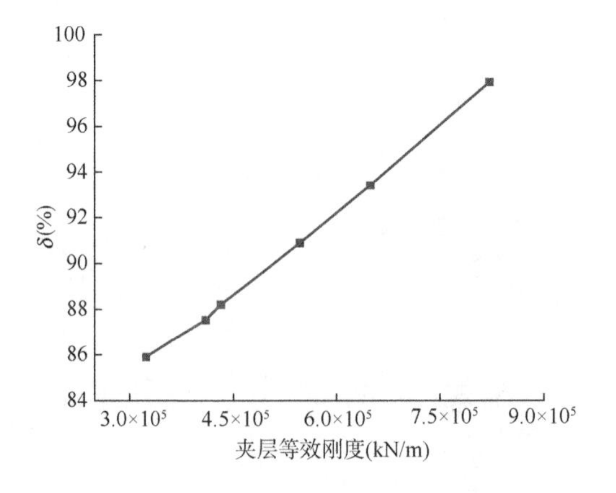

图 7-18 承载比随系梁夹层等效刚度的变化曲线

系梁和贝雷梁最大正应力　　表7-8

盘扣架布置		标准型盘扣架			重型盘扣架		
		0.9m×0.6m	0.9m×0.9m	0.9m×1.2m	0.9m×0.6m	0.9m×0.9m	0.9m×1.2m
系梁	最大压应力(MPa)	0.42	0.43	0.43	0.41	0.42	0.42
	最大拉应力(MPa)	0.33	0.35	0.34	0.31	0.34	0.34
贝雷梁	最大压应力(MPa)	7.89	8.48	9.04	7.74	8.10	8.50
	最大拉应力(MPa)	38.38	41.54	45.00	37.78	39.41	41.67

由以上计算可以得出，改变夹层盘扣架的布置对系梁和贝雷梁的位移影响较大。系梁的位移在全跨范围内变化均较大，采用标准型盘扣架且布置间距同样为0.9m×0.9m时，系梁的最大位移增大11.5%，纵向间距调整为0.6m和1.2m时，最大位移相应减小6.5%和增大29.9%；对于重型盘扣架，纵向间距调整为0.6m和1.2m时，最大位移相应减小13.5%和增大13.4%。贝雷梁的位移分别在四跨跨中处的位移差值较明显，分布在4~5m、22~32m、40~50m、57~68m范围内，占总长度的58.3%。采用标准型盘扣架且布置间距同样为0.9m×0.9m时，贝雷梁的最大位移增大11.5%，纵向间距调整为0.6m和1.2m时，位移分别减小6.9%和增大32.0%；对于重型盘扣架，纵向间距调整为0.6m和1.2m时，贝雷梁的最大位移分别减小14.2%和增大14.4%。

由计算可知，改变双层梁夹层盘扣架的布置对系梁和贝雷梁的最大弯矩影响均较小，系梁的最大弯矩变化小于5%，弯矩曲线重合度较高，仅在8~20m和52~64m处有一定差值，占总长度的33.3%。贝雷梁的最大弯矩变化小于11%，弯矩曲线基本重合，仅在钢管立柱支撑点处有一定差值。系梁的最大压应力和最大拉应力基本不变，贝雷梁的最大压应力和最大拉应力随夹层刚度减小而增大，变化幅度较小。

支架的承载比随夹层的刚度增大而增大，且增大幅度较大，采用重型盘扣架且布置间距为0.6m×0.9m时，承载比达到97.9%。

综上，在集中荷载作用下，改变双层梁夹层的刚度对系梁和贝雷梁的位移计算结果影响较大，对弯矩计算结果影响较小，对支架的承载比影响较大。

7.3.4 贝雷梁布置影响分析

计算所取的贝雷梁的横向布置间距为90cm，共25排。在实际工程中，为确保支架受力均匀，常在箱梁腹板下进行加密，加密后横向为31排，同时为增强其跨越能力，还常用上下加强型贝雷梁和双层贝雷梁作为支架主纵梁。为探究贝雷梁类型和横向排数对协同受力的影响，对普通型、上下弦杆加强型和双层贝雷梁横向分别布置25排和31排进行计算分析。贝雷梁布置的敏感性分析取值列于表7-9中。

贝雷梁布置分析参数表 表 7-9

类型	横向布置	截面惯性矩 I(m^4)	贝雷梁惯性矩变化百分比(%)
普通贝雷梁	25 排(未加密)	0.0626	100
	31 排(加密)	0.0777	124.0
上下弦杆加强型贝雷梁	25 排(未加密)	0.1444	230.5
	31 排(加密)	0.1790	285.8
双层贝雷梁	25 排(未加密)	0.2686	428.9
	31 排(加密)	0.6660	531.8

图 7-19 ~ 图 7-22 分别为集中荷载作用下系梁和贝雷梁的位移、弯矩、贝雷梁的荷载增量及承载比计算结果,系梁与贝雷梁的最大正应力列于表 7-10 中。

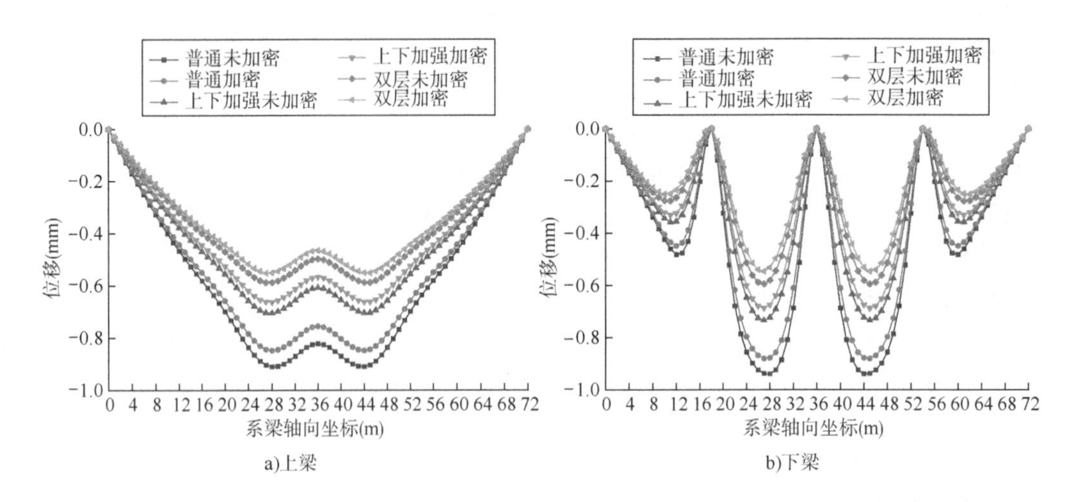

图 7-19 不同贝雷梁布置位移对比结果

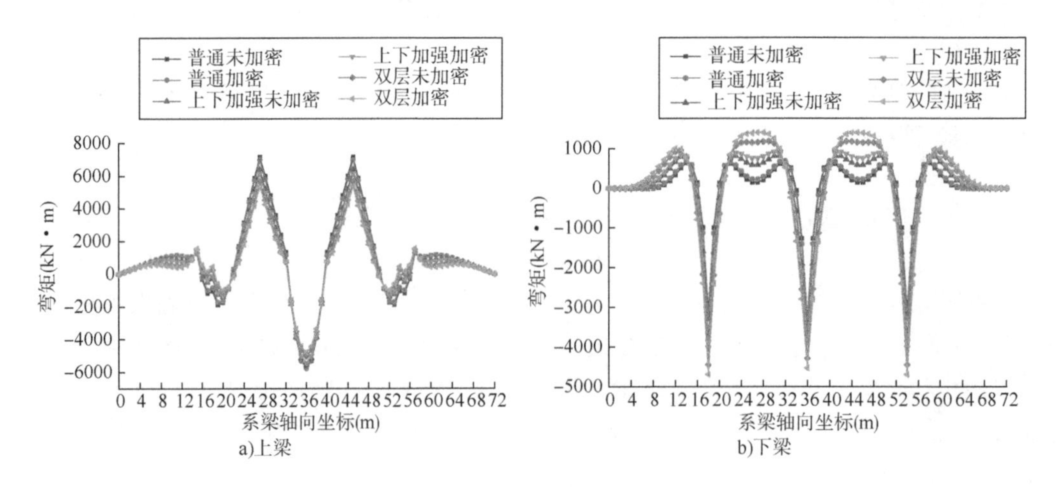

图 7-20 不同贝雷梁布置弯矩对比结果

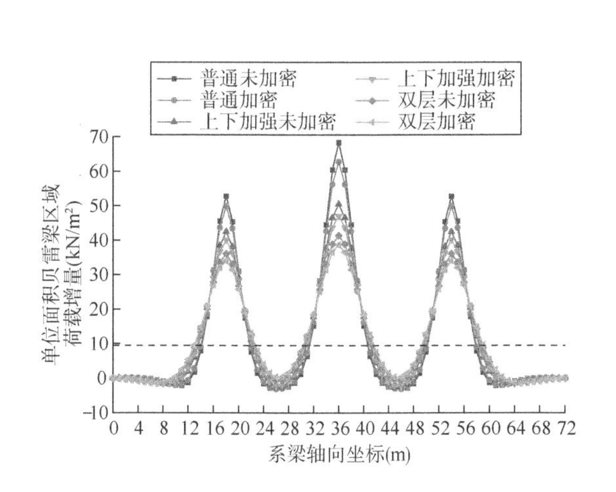

图7-21　不同贝雷梁布置单位面积贝雷梁区域荷载增量对比结果

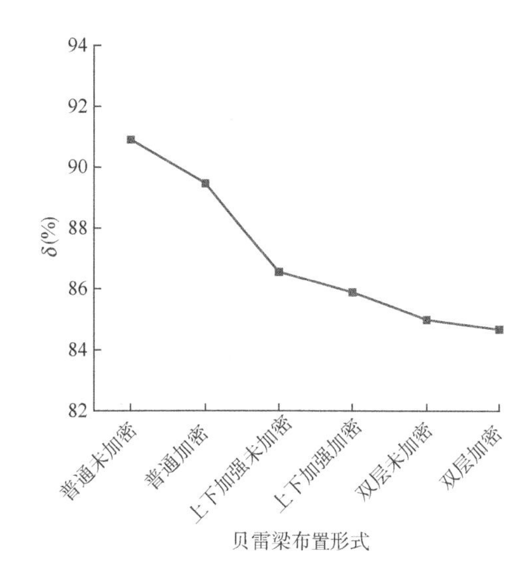

图7-22　承载比随贝雷梁布置的变化曲线

系梁与贝雷梁最大正应力　　表7-10

贝雷梁布置		普通贝雷梁		上下弦杆加强型贝雷梁		双层贝雷梁	
		25 排(未加密)	31 排(加密)	25 排(未加密)	31 排(加密)	25 排(未加密)	31 排(加密)
系梁	最大压应力(MPa)	0.42	0.41	0.38	0.36	0.33	0.32
	最大拉应力(MPa)	0.34	0.34	0.33	0.32	0.30	0.28
贝雷梁	最大压应力(MPa)	8.10	6.65	4.79	4.32	6.58	6.29
	最大拉应力(MPa)	39.41	32.46	22.45	19.11	24.88	21.15

从以上计算可以看出,荷载作用下改变贝雷梁的类型和布置间距对系梁和贝雷梁的位移计算结果影响均较大。系梁和贝雷梁的整体位移均随贝雷梁惯性矩的增大而减小,其减小幅度较大。当采用双层贝雷梁且在腹板下加密时,系梁最大位移减小39.5%,贝雷梁最大位移减小41.9%。

改变贝雷梁布置和间距时系梁的弯矩曲线整体变化较小,弯矩峰值随贝雷梁的惯性矩增大而减小,且减小幅度较小,对弯矩峰值影响较大,当采用双层贝雷梁且在腹板下加密时,系梁最大弯矩减小16.4%。贝雷梁的弯矩峰值随其惯性矩的增大而增大,且增大幅度较大,从弯矩曲线上来看,第二、三跨跨中的弯矩增大较为明显,该位置的最大正弯矩增大106.5%,在钢管立柱支撑处的最大负弯矩增大42.7%。系梁的最大压应力和拉应力均随贝雷梁截面惯性矩增大而减小,减小幅度较小;贝雷梁的最大压应力和拉应力随其惯性矩增大呈先减小后增大趋势,最大拉应力变化较大。

承载比随贝雷梁惯性矩的增大而减小,且减小幅度较小,但采用双层贝雷梁且加密时承载比仅84.7%。

综上,不同贝雷梁的类型和布置对于系梁和贝雷梁的位移影响较大,对系梁的弯矩影响较小,对贝雷梁的弯矩影响较大,对承载比影响较小。

7.4 本章小结

(1)结合系梁-梁柱式支架协同受力情况推导出系梁和贝雷梁变形的挠曲线微分方程并求解,给出了系梁和贝雷梁的变形和内力的计算方法,得到了贝雷梁荷载增量的分布规律。

(2)以某跨径72m下承式钢管混凝土拱桥为研究对象进行协同受力计算,并将系梁和贝雷梁的位移、弯矩、贝雷梁的荷载增量与有限元计算结果进行了对比分析。结果表明:在集中荷载作用下,与传统均分方法相比,钢管立柱支撑处的贝雷梁区域荷载增量较大,远大于按传统均分方法计算所得的荷载增量,采用传统均分方法计算的梁柱式支架主纵梁偏不安全,应进行相应加强处理。

(3)系梁混凝土强度等级对于系梁和贝雷梁的位移、弯矩和承载比影响均较小;系梁的截面高度对于系梁和贝雷梁的位移影响较大,对两者弯矩影响很小,对承载比影响较大;夹层盘扣架的布置对系梁和贝雷梁的位移影响较大,对两者的弯矩计算结果影响较小,对支架的承载比影响较大;贝雷梁的布置对系梁和贝雷梁的位移影响较大,对两者弯矩计算结果影响较小,对支架承载比影响较小。

(4)在后期集中荷载作用下,混凝土系梁的应力较小,能够满足协同受力要求。支架的承载比变化不大,梁柱式支架承担了大部分的后期荷载,其承载比在85%~99%之间。

第8章 系杆拱-临时支架空间有限元仿真分析

对于拱肋立柱集中荷载作用下的系杆拱桥,第2、3章从理论角度分别计算了盘扣式支架和梁柱式支架与系梁的协同受力情况。本章采用有限元软件 midas Civil 建立系梁及拱肋关键施工阶段的空间模型,计算各施工阶段关键位置的支架受力,分析拱肋施工时系梁与支架的协同受力情况,对支架优化设计提出建议。

8.1 有限单元法

有限单元法又称有限元法(Finite Element Method,FEM),是一种通过离散化连续问题而得到离散问题的数值方法。有限单元法可以将复杂的大型连续体结构分割成若干个小单元,之后根据给定的边界条件、材料属性、荷载等,求解线性或非线性方程组,求得每个小单元的应力、应变等结果,最后将小单元的计算结果组合便得到整个结构的性质和响应。由于结构分割后的单元和节点数是有限个,因此称为有限单元法。

有限单元法最早于1960年被美国科学家克拉夫提出,并尝试应用于飞机结构分析中。20世纪60年代后期,加权余量法、伽辽金法等的应用进一步扩大了有限单元法的应用领域。经过几十年的发展,有限单元法由最初的解决平面问题扩展到解决空间问题,由静力问题发展为稳定问题、动力问题,由固体力学扩展到流体力学、热传导、热力学等问题,由只能分析弹性材料发展为塑性、黏弹性复合材料等。有限单元法是迄今为止应用最广泛的数值计算方法之一,极大地促进了科学与工程技术的进步和发展。

有限单元法通常被用来解决两类问题。第一类问题的研究对象为离散系统,该问题是可解的,但求解复杂的离散系统时,通常要依靠计算机技术。第二类问题的研究对象为连续系统,可以建立描述连续系统的基本方程和边界条件,通常只能得到少数简单边界条件的解析解,对于实际工程问题,通常采用近似算法来求解。

有限元仿真分析是指将实际的工程问题转化为有限元问题,并借助有限元软件对其进行计算分析。有限单元法的计算工作量大,难以手算完成,求解时可以将重复的机械性计算工作交给计算机完成。伴随着计算机程序开发、计算速度提升等技术的发展,有限单元仿真逐渐成为较为成熟的分析计算方法。在工程中,有限元仿真分析可以帮助人们计算结构在不同荷载下的响应,从而预测结构的破坏位置和破坏临界荷载,以达到优化结构设计、减少试验成本的目的。有限元仿真分析被广泛应用于工程设计、工程抗震分析、可靠度研究、屈曲分析、耦合振动分析等方面。

本章建立的有限元仿真模型拟采用梁单元、三节点板单元和四节点板单元,各类型单元的有限元求解基本矩阵如下:

(1)梁单元

节点位移:

$$\{\Delta_i\} = \{u_i \quad v_i \quad w_i \quad \theta_{xi} \quad \theta_{yi} \quad \theta_{zi}\} \tag{8-1}$$

单元节点位移:

$$\{\Delta\}^e = \{\Delta_1 \quad \Delta_2\}^{\mathrm{T}} \tag{8-2}$$

节点力:

$$\{R_i\} = \{N_{xi} \quad N_{yi} \quad N_{zi} \quad M_{xi} \quad M_{yi} \quad M_{zi}\} \tag{8-3}$$

单元节点力:

$$\{R\}^e = \{R_1 \quad R_2\}^{\mathrm{T}} \tag{8-4}$$

单元刚度矩阵:

$$[k]^e = \begin{bmatrix}
\frac{EA}{l} & 0 & 0 & 0 & 0 & 0 & -\frac{EA}{l} & 0 & 0 & 0 & 0 & 0 \\
 & \frac{12EI_z}{l^3} & 0 & 0 & 0 & -\frac{6EI_z}{l^2} & 0 & -\frac{12EI_z}{l^3} & 0 & 0 & 0 & \frac{6EI_z}{l^2} \\
 & & \frac{12EI_y}{l^3} & 0 & -\frac{6EI_y}{l^2} & 0 & 0 & 0 & -\frac{12EI_y}{l^3} & 0 & -\frac{6EI_y}{l^2} & 0 \\
 & & & \frac{GJ}{l} & 0 & 0 & 0 & 0 & 0 & -\frac{GJ}{l} & 0 & 0 \\
 & & & & \frac{4EI_y}{l} & 0 & 0 & 0 & \frac{6EI_y}{l^2} & 0 & \frac{2EI_y}{l} & 0 \\
 & & & & & \frac{4EI_z}{l} & 0 & -\frac{6EI_z}{l^2} & 0 & 0 & 0 & \frac{2EI_z}{l} \\
 & & & & & & \frac{EA}{l} & 0 & 0 & 0 & 0 & 0 \\
 & & & & & & & \frac{12EI_z}{l^3} & 0 & 0 & 0 & -\frac{6EI_z}{l^2} \\
 & & & & & & & & \frac{12EI_y}{l^3} & 0 & \frac{6EI_y}{l^2} & 0 \\
 & & & & & & & & & \frac{GJ}{l} & 0 & 0 \\
 & & & & & & & & & & \frac{4EI_y}{l} & 0 \\
 & & & & & & & & & & & \frac{4EI_z}{l}
\end{bmatrix} \tag{8-5}$$

(2)三节点矩形单元

弹性矩阵为：

$$[D'] = \frac{E(1-\mu)}{(1+\mu)(1-2\mu)}\begin{bmatrix} 1 & \frac{\mu}{1-\mu} & 0 \\ \frac{\mu}{1-\mu} & 1 & 0 \\ 0 & 0 & \frac{1-2\mu}{2(1-\mu)} \end{bmatrix} \tag{8-6}$$

节点位移：

$$\{\Delta_i\} = \begin{Bmatrix} u_i \\ v_i \end{Bmatrix} \tag{8-7}$$

单元节点位移：

$$\{\Delta\}^e = \begin{Bmatrix} \Delta_i \\ \Delta_j \\ \Delta_m \end{Bmatrix} = \{u_i \quad v_i \quad u_j \quad v_j \quad u_m \quad v_m\} \tag{8-8}$$

由节点位移求单元内应变：

$$\{\varepsilon\} = [\varepsilon_x \quad \varepsilon_y \quad \gamma_{xy}]^{\mathrm{T}} = \begin{bmatrix} \frac{\partial u}{\partial x} & \frac{\partial v}{\partial y} & \frac{\partial u}{\partial y}+\frac{\partial v}{\partial x} \end{bmatrix}^{\mathrm{T}} = \begin{bmatrix} \frac{\partial}{\partial x} & 0 & \frac{\partial}{\partial y} \\ 0 & \frac{\partial}{\partial y} & \frac{\partial}{\partial x} \end{bmatrix}^{\mathrm{T}} \begin{Bmatrix} u \\ v \end{Bmatrix} = [L][\Delta] \tag{8-9}$$

将位移表达式代入可得：

$$\{\varepsilon\} = [L][N]\{\Delta\}^e = [B]\{\Delta\}^e \tag{8-10}$$

其中：

$$[B] = [L][N] = \frac{1}{2A}\begin{bmatrix} b_i & 0 & b_j & 0 & b_m & 0 \\ 0 & c_i & 0 & c_j & 0 & c_m \\ c_i & b_i & c_j & b_j & c_m & b_m \end{bmatrix} \tag{8-11}$$

又可写成：

$$[B] = [B_i \quad B_j \quad B_m] \tag{8-12}$$

式中：

$$[B_i]=\frac{1}{2A}\begin{bmatrix} b_i & 0 \\ 0 & c_i \\ c_i & b_i \end{bmatrix} \tag{8-13}$$

由节点位移求单元应力：

$$\{\sigma\}=[D]\{\varepsilon\}=\frac{E}{1-\mu^2}\begin{bmatrix} 1 & \mu & 0 \\ \mu & 1 & 0 \\ 0 & 0 & \frac{1-\mu}{2} \end{bmatrix}\begin{Bmatrix} \varepsilon_x \\ \varepsilon_y \\ \varepsilon_{xy} \end{Bmatrix}=[D][B]\{\Delta\}^e \tag{8-14}$$

令

$$[s]=[D][B]=[S_i \quad S_j \quad S_m] \tag{8-15}$$

式中：

$$[S_i]=\frac{E}{2(1-\mu^2)A}\begin{bmatrix} b_i & \mu c_i \\ \mu b_i & c_i \\ \frac{1-\mu}{2}c_i & \frac{1-\mu}{2}b_i \end{bmatrix} \tag{8-16}$$

单元刚度矩阵：

$$[k]^e=\iint_{A_e}[B]^{\mathrm{T}}[D][B]t\mathrm{d}A \tag{8-17}$$

(3)四节点矩形单元

弹性矩阵为：

$$\{\Delta\}=\begin{Bmatrix} u \\ v \end{Bmatrix}=\sum_{i=1}^{4}[N]_i\ \{\Delta_i\}^e \tag{8-18}$$

其中：

$$[N]_i=\begin{bmatrix} N_i & 0 \\ 0 & N_i \end{bmatrix}\{\Delta_i\}^e=\begin{Bmatrix} u_i \\ v_i \end{Bmatrix} \quad (i=1,2,3,4) \tag{8-19}$$

形函数矩阵：

$$[N]=[N_1 \quad N_2 \quad N_3 \quad N_4] \tag{8-20}$$

应变矩阵：

$$[B]=[B_1 \quad B_2 \quad B_3 \quad B_4] \tag{8-21}$$

式中：

$$[B]_i=\begin{bmatrix}\frac{\partial}{\partial x} & 0\\ 0 & \frac{\partial}{\partial y}\\ \frac{\partial}{\partial y} & \frac{\partial}{\partial x}\end{bmatrix}\begin{bmatrix}N_i & 0\\ 0 & N_i\end{bmatrix}=\frac{1}{4ab}\begin{bmatrix}b\xi_i(1+\eta_0) & 0\\ 0 & a\eta_i(1+\xi_0)\\ a\eta_i(1+\xi_0) & b\xi_i(1+\eta_0)\end{bmatrix}\quad (i=1,2,3,4) \tag{8-22}$$

应力矩阵：

$$[S]=[S_1\quad S_2\quad S_3\quad S_4] \tag{8-23}$$

式中：

$$[S]_i=[D][B_i]=\frac{E}{4ab(1-\mu^2)}\begin{bmatrix}b\xi_i(1+\eta_0) & \mu a\eta_i(1+\xi_0)\\ \mu b\xi_i(1+\eta_0) & a\eta_i(1+\xi_0)\\ \frac{1-\mu}{2}a\eta_i(1+\xi_0) & \frac{1-\mu}{2}b\xi_i(1+\eta_0)\end{bmatrix}\quad (i=1,2,3,4) \tag{8-24}$$

单元刚度矩阵：

$$[k]^e=\iint_e [B]^{\mathrm{T}}[D][B]t\mathrm{d}A=ABT\int_{-1}^{1}\int_{-1}^{1}[B]^{\mathrm{T}}[D][B]\mathrm{d}\xi\eta \tag{8-25}$$

可得显式：

$$[k_{ij}]=\frac{Et}{4(1-\mu^2)}\times$$

$$\begin{bmatrix}\frac{b}{a}\left(1+\frac{1}{3}\eta_i\eta_i\right)\xi_i\xi_i+\frac{1-\mu}{2}\frac{a}{b}\left(1+\frac{1}{3}\xi_i\xi_i\right)\eta_i\eta_i & \mu\xi_i\eta_i+\frac{1-\mu}{2}\eta_i\xi_i\\ \mu\eta_i\xi_i+\frac{1-\mu}{2}\xi_i\eta_i & \frac{a}{b}\left(1+\frac{1}{3}\xi_i\xi_i\right)\eta_i\eta_i+\frac{1-\mu}{2}\frac{a}{b}\left(1+\frac{1}{3}\eta_i\eta_i\right)\xi_i\xi_i\end{bmatrix}$$

$$(i=1,2,3,4) \tag{8-26}$$

8.2　工程概况

8.2.1　系杆拱结构形式

系杆拱主梁采用C55混凝土现浇施工,全长148m,计算跨度为144m。梁端采用实心矩形截面,宽 18.3m,高 3.0m,两端实心段各长 8.5m;普通段采用单箱三室截面,宽 17.5m,高 3.0m,长 131m。箱梁顶板厚度为 35cm,底板厚度为 35cm,四道腹板厚度均为 35cm。系梁在吊点处设横梁,横梁厚度 40 ~ 60cm。

拱肋在横桥向内倾 8°,呈提篮式,矢跨比 $f/L=1:5$。拱肋采用二次抛物线,拱肋面内方程为 $y=4\times28.8(144x-x^2)/144^2$,立面投影矢高 28.52m(28.8 × cos8°)。拱顶处两拱肋中心距 7.884m。拱肋横断面采用哑铃形钢管混凝土等截面,截面高度 $h=4.0$m,钢管直径为 1.3m,由 20mm 厚的 Q345qE 钢板卷制而成,每根拱肋的两钢管之间用 $\delta=20$mm 的腹板连接。拱管内灌注 C55 自密实补偿收缩混凝土。拱肋之间设 1 道一字撑和 6 道 K 撑。一字撑采用外径为 1.5m 的圆形钢管组成,斜撑采用外径为 0.9m 的圆形钢管组成。一字撑与 K 撑钢管内均不填充混凝土。

系杆拱桥立面及横断面如图 8-1、图 8-2 所示。

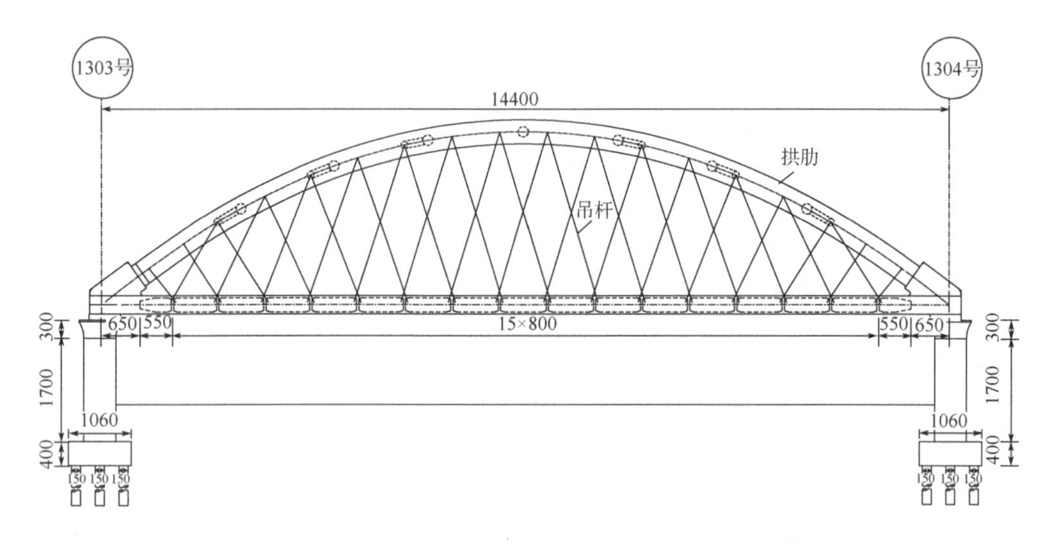

图 8-1 系杆拱立面布置图(尺寸单位:cm)

对该系杆拱桥的盘扣式满堂架和贝雷梁梁柱式模架的施工方案分别建立空间模型进行模拟分析,模拟分析时暂不考虑系梁预应力张拉的影响。

8.2.2 盘扣式满堂架施工方案

系梁满堂支架布置方式自上而下为:15mm 竹胶板→10cm × 10cm 纵向方木→I12.6 工字钢横梁→ϕ60mm × 3.2mm 盘扣架→混凝土垫层。10cm × 10cm 纵向方木在腹板下满铺,在底板下间距为 30cm。盘扣架竖向步距为 150cm(顶层、底层水平杆步距不得大于 100cm),立杆纵向间距为 90cm,梁段实心段处为 60cm。立杆横向间距在底板和中腹板下为 90cm,在边腹板下为 60cm,在拱脚下加密为 30cm。

拱肋为分段预制拼装,待主梁浇筑完成并达到强度后进行拱肋安装施工。拱肋支架采用 ϕ1000mm × 8mm 钢管格构柱,水平连接为 ϕ426mm × 6mm 钢管,格构柱纵向尺寸为 8.0m,横向根据拱肋间距由梁端向跨中分别为 12.8m、10.3m、8.8m 和 8.1m。

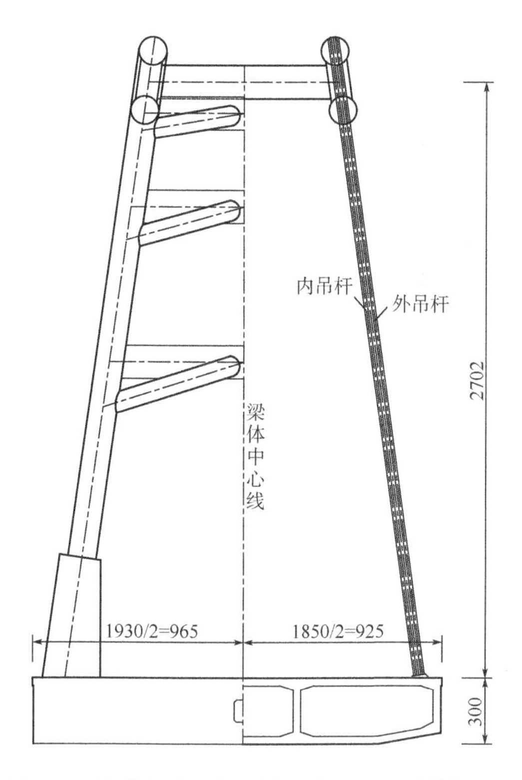

图 8-2 系杆拱梁端与跨中横断面布置图(尺寸单位:cm)

盘扣式支架各部分材料及规格型号列于表 8-1 中。

盘扣式满堂架信息表 表 8-1

位置	名称	材料	型号	尺寸
系梁支架	竹胶板	毛竹	15mm	—
	方木	松木	10cm×10cm	—
	工字钢分配梁	Q235	I12.6	—
	盘扣架立杆	Q355	ϕ60mm×3.2mm	1.0m、1.5m、2.0m
	盘扣架横杆	Q235	ϕ48mm×3.2mm	0.3m、0.6m、0.9m
	盘扣架斜杆	Q235	ϕ48mm×3.2mm	0.6m×1.0m、0.6m×1.5m、0.9m×1.0m、0.9m×1.5m
	混凝土垫层	混凝土	C20	20cm
拱肋支架	格构柱	Q235	ϕ1000mm×8mm、ϕ426mm×6mm	8.0m×12.8m、8.0m×10.3m、8.0m×8.8m、8.0m×8.1m

盘扣式满堂支架的布置图如图 8-3、图 8-4 所示。

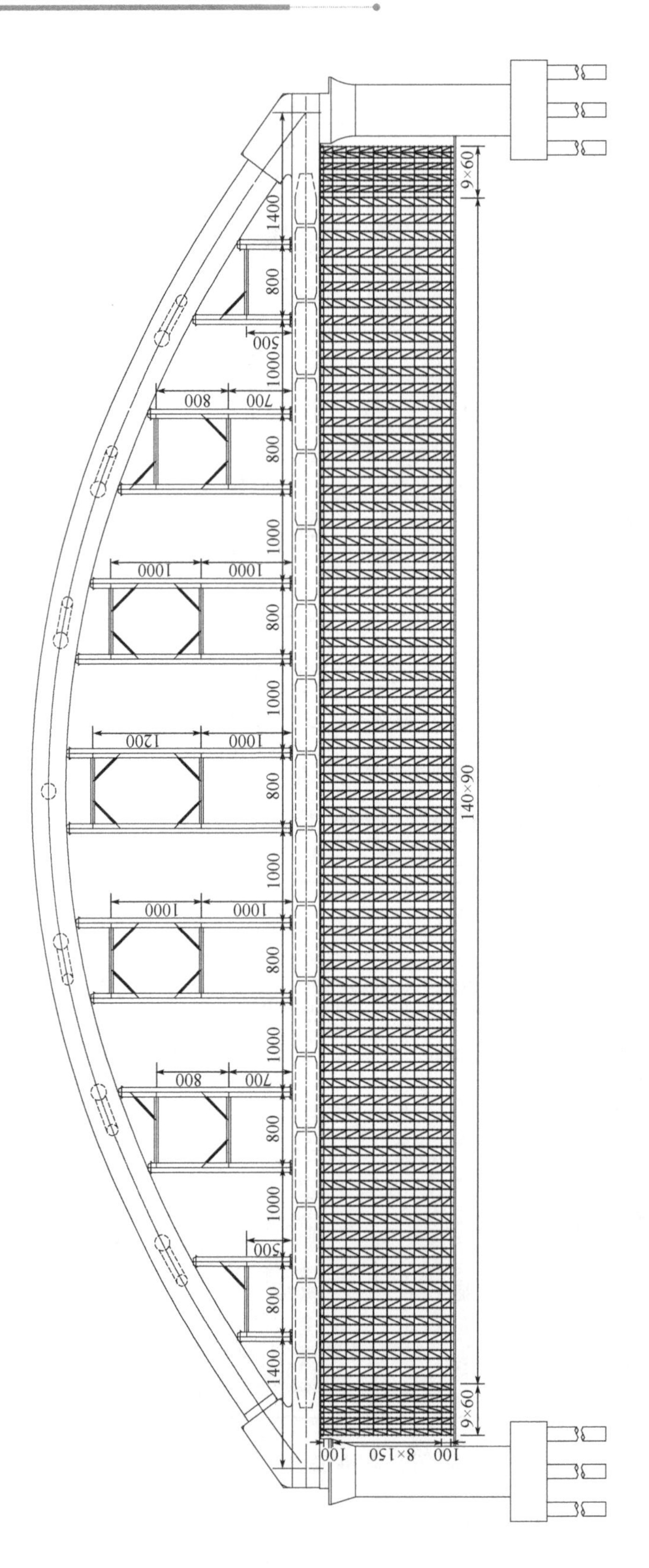

图8-3　支架立面布置图(尺寸单位：cm)

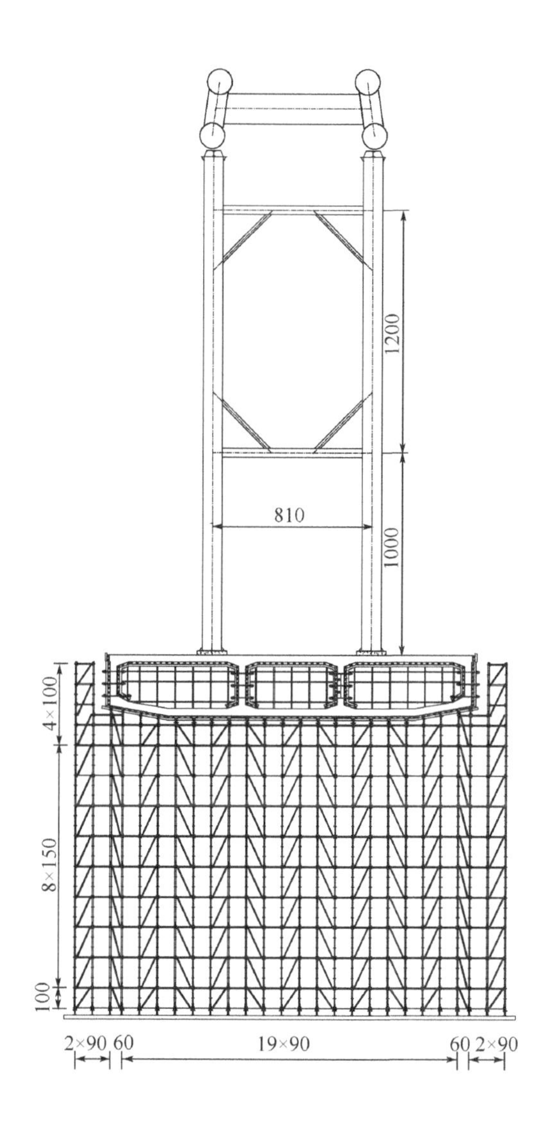

图8-4 支架横断面布置图(尺寸单位:cm)

8.2.3 贝雷梁梁柱式施工方案

梁柱式支架布置自上而下为:15mm 竹胶板底模→10cm×10cm 纵向方木→Ⅰ12.6 工字钢横梁→ϕ60mm×3.2mm 盘扣架→Ⅰ14 工字钢横梁→上下弦杆加强型贝雷梁→双拼或三拼Ⅰ45a工字钢横担→ϕ630mm×10mm 钢管立柱→钢管桩。10cm×10cm 纵向方木在腹板下满铺,在底板下间距为 30cm。盘扣架竖向步距为 150cm(顶层、底层水平杆步距不得大于100cm),立杆纵向间距为 90cm,梁段实心段处间距为 60cm。立杆横向间距在底板下为 90cm,在边腹板下为 60cm,在拱脚下加密为 30cm。Ⅰ14 工字钢横梁间距 60cm、90cm。上下弦杆加强型贝雷梁间距在腹板下为45cm,在底板下为90cm,贝雷梁之间采用花窗连接。靠近桥墩位置的贝雷梁立杆进行双拼10号槽钢加强。横梁均采用双拼或三拼Ⅰ45a工字钢,横担设置在ϕ630mm×10mm钢管格构柱上。格构柱纵向尺寸为3.0m、6.0m,横向尺寸为18m,钢管立柱间距为3.0m,钢管立柱之间采用16号槽钢进行有效连接。支架采用钢管桩基础。

拱肋支架采用ϕ1000mm×8mm钢管格构柱,水平连接为ϕ426mm×6mm钢管,格构柱纵向尺寸为8.0m,横向根据拱肋间距由梁端向跨中分别为12.8m、10.3m、8.8m和8.1m。

梁柱式支架各部分的材料及规格型号列于表8-2中。

梁柱式支架信息表 表8-2

位置	名称	材料	型号	尺寸
系梁支架	竹胶板	毛竹	15mm	—
	方木	松木	10cm×10cm	—
	工字钢分配梁	Q235	I12.6	—
	盘扣架立杆	Q355	ϕ60mm×3.2mm	1.0m、1.5m、2.0m
	盘扣架横杆	Q235	ϕ48mm×3.2mm	0.3m、0.6m、0.9m
	盘扣架斜杆	Q235	ϕ48mm×3.2mm	0.6m×1.0m、0.6m×1.5m、0.9m×1.0m、0.9m×1.5m
	贝雷梁	16Mn钢	上下弦杆加强型	3.0m×1.7m、2.0m×1.7m
	工字钢横担	Q235	I45a	双拼、三拼
	钢管格构柱	Q235	ϕ630mm×10mm、16号槽钢	3.0m×18.0m、3.0m×18.0m
拱肋支架	钢管格构柱	Q235	ϕ1000mm×8mm、ϕ426mm×6mm	8.0m×12.8m、8.0m×10.3m、8.0m×8.8m、8.0m×8.1m

梁柱式支架布置图如图8-5、图8-6所示。

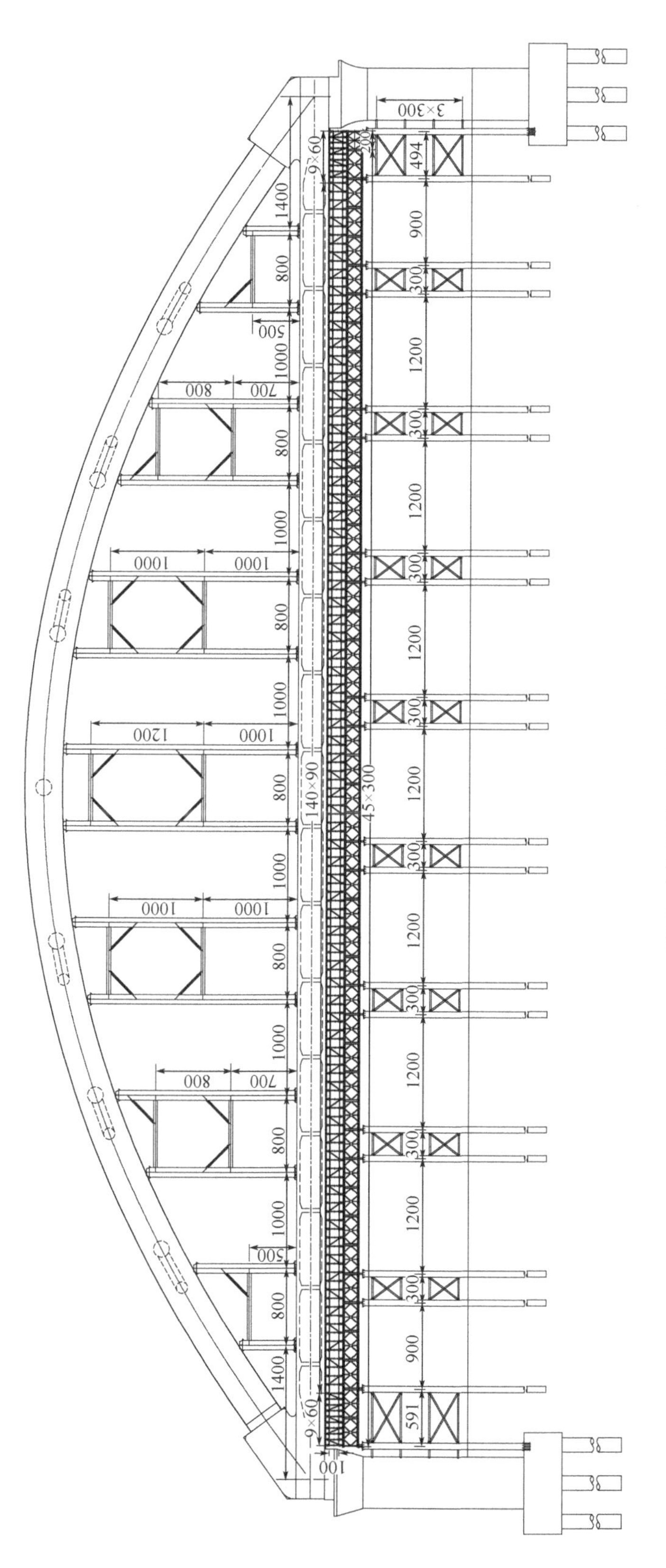

图8-5　支架立面布置图(尺寸单位：cm)

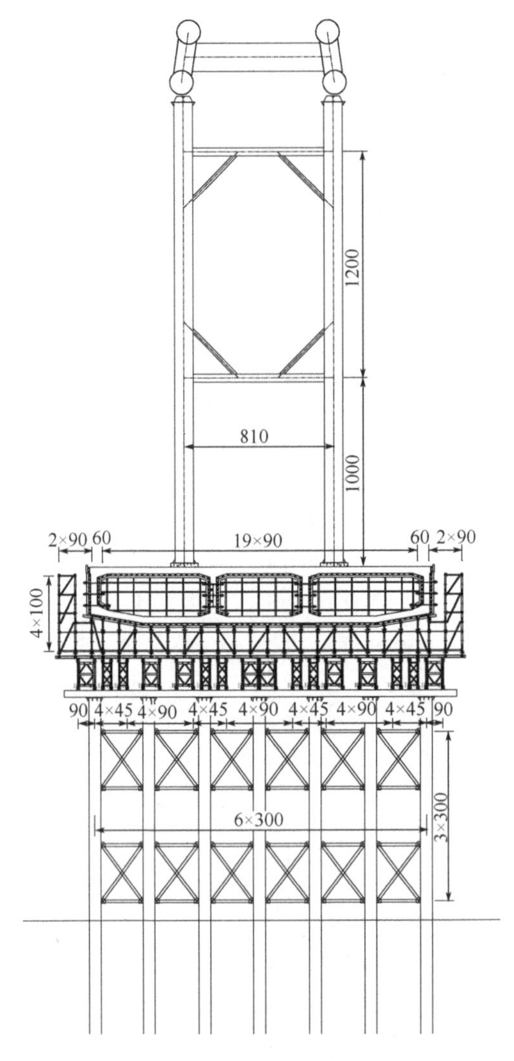

图 8-6 支架横断面布置图(尺寸单位:cm)

8.3 系杆拱-盘扣式满堂支架空间有限元仿真分析

8.3.1 模型信息

模型中系梁采用板单元模拟,盘扣架的水平杆和斜杆采用桁架单元,其余全部为梁单元。盘扣架的立杆在底部添加一般支承中的全固结约束,系梁的四个桥墩支座均释放纵桥向转动,水平位移约束分别为固定、释放横向位移、释放纵向位移、释放纵向与横向位移。根据系杆拱桥的施工顺序,在 midas Civil 中对其进行施工阶段划分,吊杆张拉之前共分为 6 个关键施工阶段,编号为 CS1 ~ CS6,各施工阶段信息列入表 8-3 中。

施工阶段信息表　　表8-3

施工阶段	工序	编号
1	盘扣架搭设	CS1
2	主梁、拱脚浇筑	CS2
3	拱肋支架搭设	CS3
4	架设拱肋钢管	CS4
5	泵送拱肋下管混凝土	CS5
6	泵送拱肋上管混凝土	CS6

各施工阶段计算模型如图8-7所示。

a)CS1盘扣架搭设

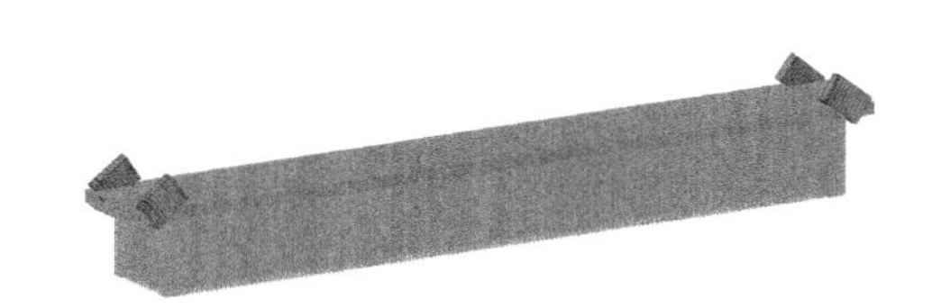

b)CS2主梁、拱脚浇筑

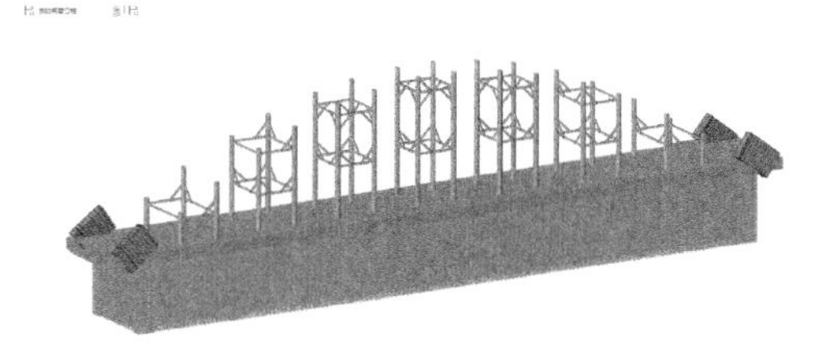

c)CS3拱肋支架搭设

d)CS4架设拱肋钢管

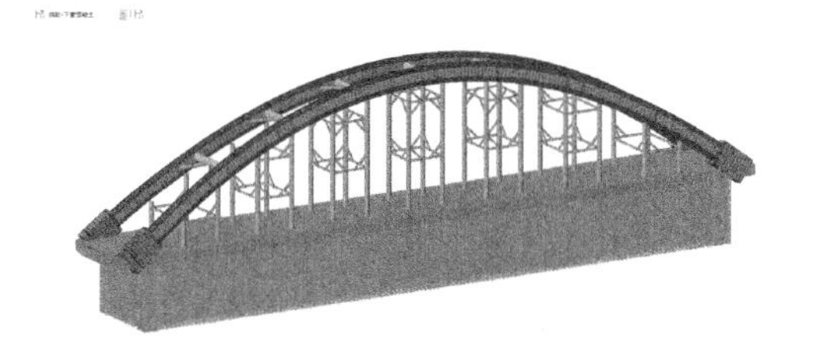

e)CS5泵送拱肋下管混凝土

f)CS6泵送拱肋上管混凝土

图8-7　盘扣式支架各施工阶段有限元模型

钢管混凝土拱肋采用施工联合截面来模拟上管与下管的混凝土泵送过程,其相关施工阶段截面如图8-8所示。

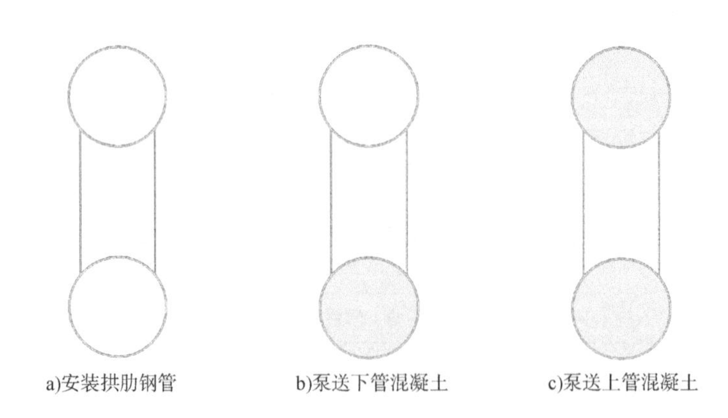

图 8-8　钢管混凝土拱肋模型截面图

8.3.2　计算结果分析

对模型中各施工阶段的盘扣架轴力和竖向位移的最大值进行提取,结果如图 8-9 所示。

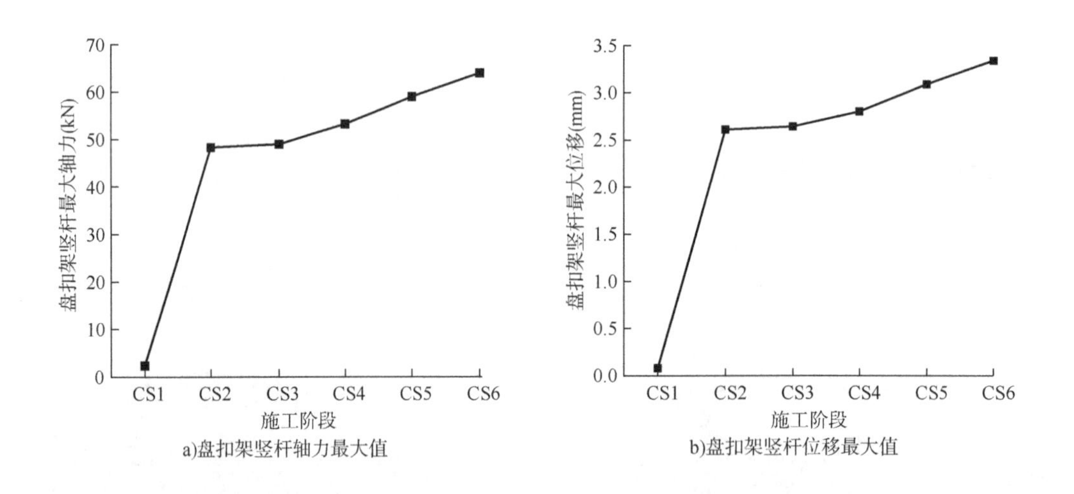

图 8-9　盘扣式支架各施工阶段计算结果

在系梁浇筑完成至泵送拱肋混凝土阶段,即 CS2 ~ CS6,盘扣架立杆的最大轴力由 48.3kN 逐步增大至 63.9kN,增量为 15.6kN,增量占其最终荷载的 24.4%;盘扣架的最大位移由 2.61mm 增大至 3.34mm,增量为 0.73mm,增量占其最终竖向位移的 21.9%。

为探究系梁与支架在空间中的协同受力情况,对系梁多个位置的盘扣架轴力分别提取分析,在系梁腹板与底板下各取一排纵向盘扣架,梁端、1/4 跨和跨中各取一排横向盘扣架分析其轴力。各施工阶段盘扣架的轴力如图 8-10、图 8-11 所示。

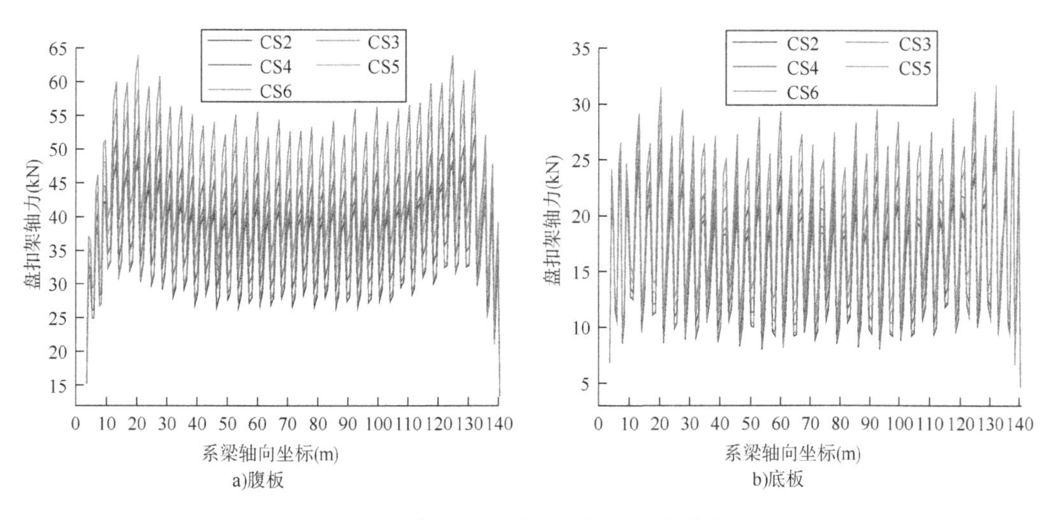

图 8-10　各施工阶段纵桥向盘扣架立杆轴力

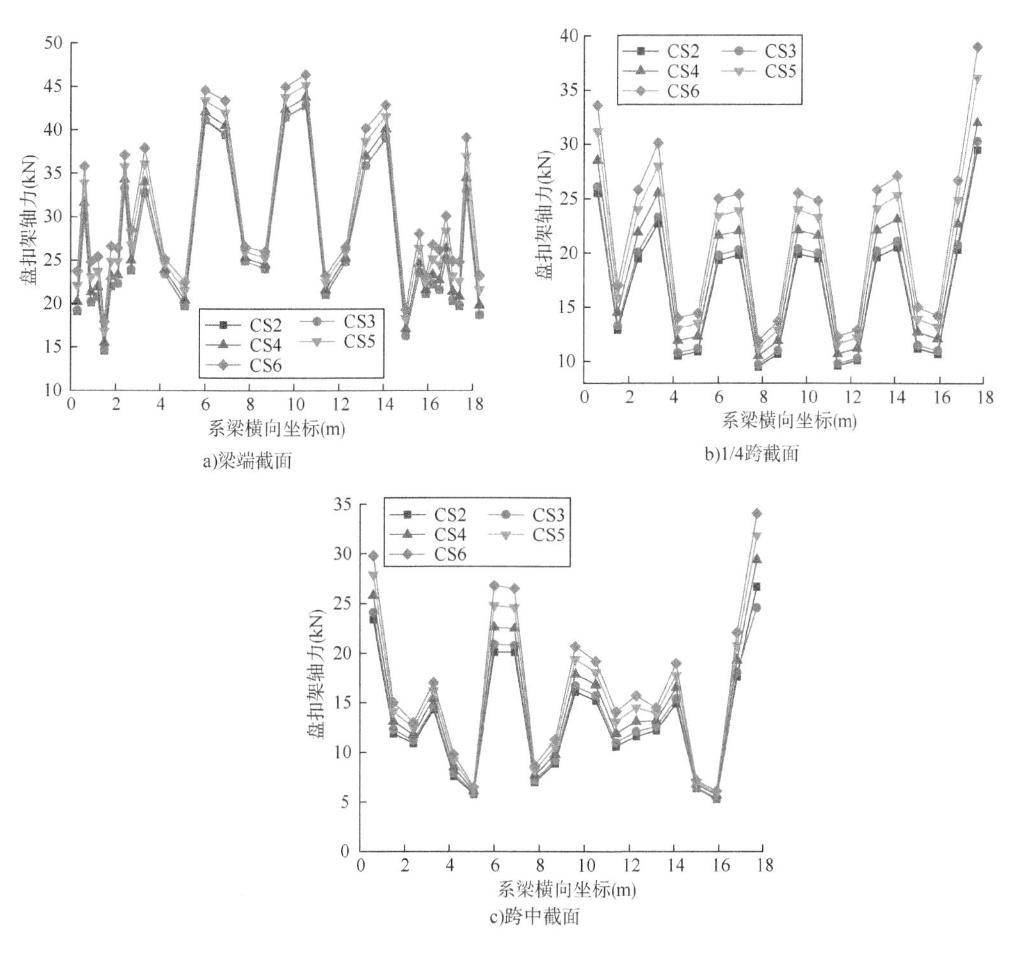

图 8-11　各施工阶段横桥向盘扣架立杆轴力

由图 8-10、图 8-11 可以看出,随着施工阶段的推进,各位置盘扣架的轴力有不同程度的增大,腹板下盘扣架的轴力明显大于底板下的轴力。腹板下盘扣架的荷载在靠近桥墩处较小,其余位置在 28 ~ 58kN 范围内波动,底板下盘扣架的轴力在 8 ~ 28kN 范围内波动。对于横桥向,梁端、1/4 跨和跨中截面均呈中间小两侧大的分布趋势。

CS2 ~ CS6 各关键截面盘扣架的轴力增量如图 8-12 所示。

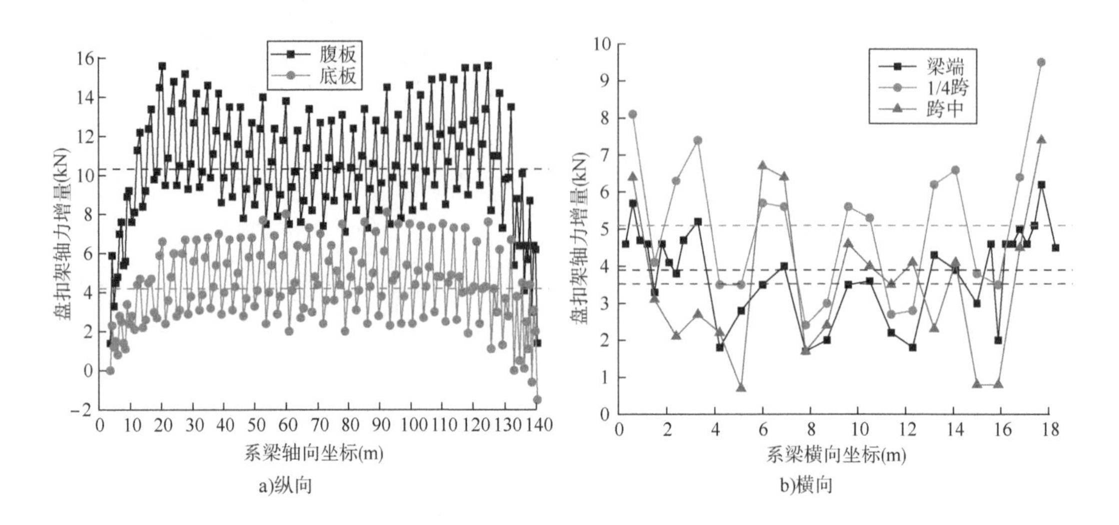

图 8-12　CS2 ~ CS6 盘扣架立杆轴力增量

注:图中虚线表示相应截面盘扣架轴力增量的平均值。

在纵桥向,腹板下的盘扣架的轴力增量明显大于底板下的增量,在 20 ~ 35m 和 109 ~ 124m 范围内相差较大,最大为 9.1kN。腹板与底板下的轴力增量均自桥墩向跨中逐渐增大,荷载增量的最大位置位于距梁端 18m 位置处,自 18 ~ 126m 范围内荷载增量呈上下波动分布,腹板下的分布范围为 7 ~ 16kN,底板下为 2.5 ~ 6.5kN。轴力增量的平均值在腹板下为 10.3kN,底板下为 4.2kN,底板下盘扣架在靠近桥墩处轴力增量趋近于 0,部分轴力增量小于 0。

在横桥向,各截面中的盘扣架轴力增量变化均较大,整体趋势为两侧增量大,中间增量小。轴力增量平均值在 1/4 跨截面处最大为 5.1kN,梁端和跨中截面处较小,分别为 3.9kN 和 3.6kN。梁端、1/4 跨和跨中截面中各自轴力增量差值分别为 4.5kN、7.1kN 和 6.7kN,各截面轴力增量的最大值均出现在边腹板处。

综上所述,跨中位置的大部分后期荷载由盘扣架承担,系梁仅在靠近桥墩支座一定范围内承担荷载,边腹板位置的荷载增量大于其他位置。

8.3.3　混凝土强度等级影响分析

对模型中系梁的混凝土强度等级作为影响因素进行敏感参数分析,取 C15 ~ C50 作为对照组进行对比。图 8-13 为改变混凝土等级后的各施工阶段盘扣架轴力的最大值,图 8-14 ~ 图 8-16为各截面的盘扣架轴力增量。CS2 ~ CS6 盘扣架轴力增量见表 8-4。

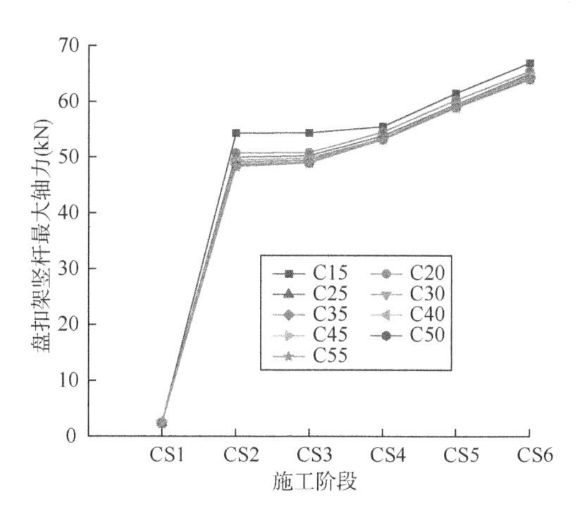

图 8-13　各施工阶段盘扣架立杆轴力最大值

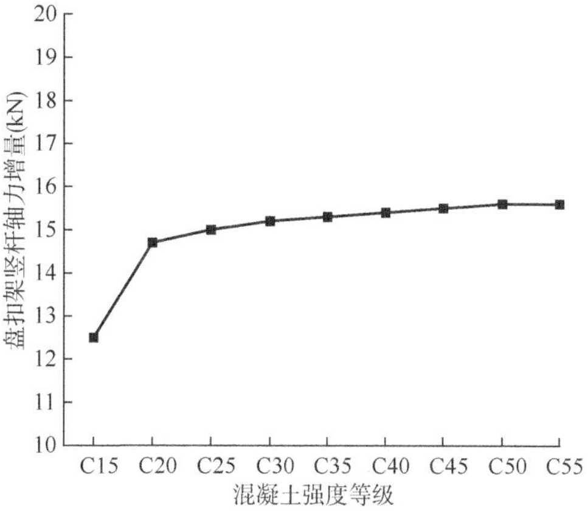

图 8-14　各混凝土强度等级盘扣架轴力增量

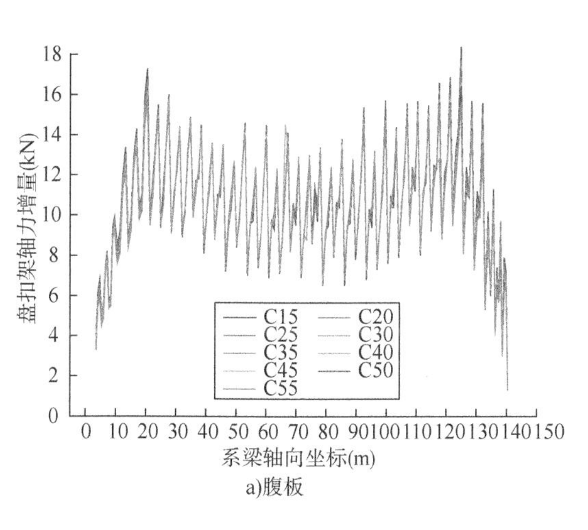

a)腹板

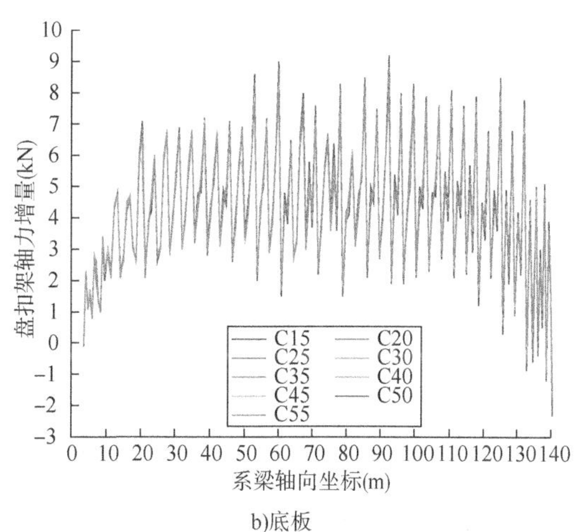

b)底板

图 8-15　纵桥向盘扣架立杆轴力增量

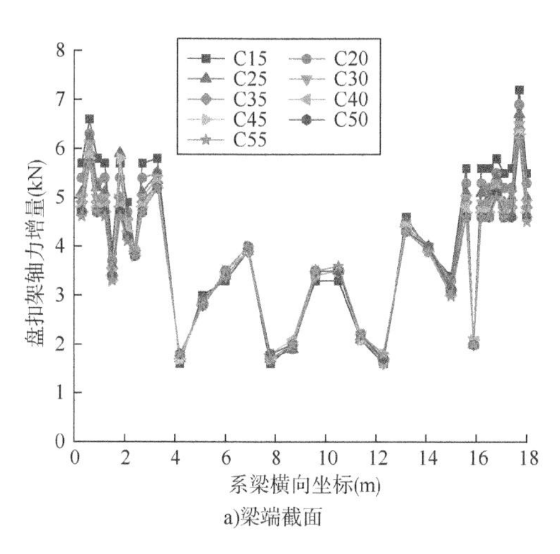

a)梁端截面

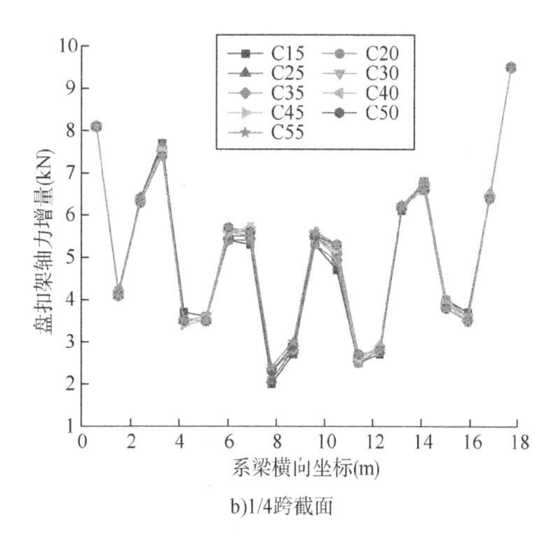

b)1/4跨截面

图　8-16

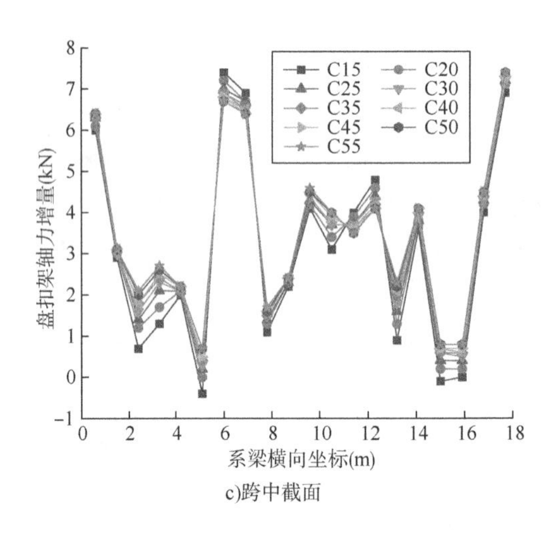

c)跨中截面

图 8-16　横桥向盘扣架立杆轴力增量

CS2 ~ CS6 盘扣架轴力增量　　表 8-4

混凝土强度等级	C15	C20	C25	C30	C35	C40	C45	C50	C55
盘扣架轴力增量(kN)	12.5	14.7	15.0	15.2	15.3	15.4	15.5	15.6	15.6

模型混凝土强度等级由 C15 增大至 C55 的过程中，各施工阶段的盘扣架最大荷载基本不变，盘扣架最大荷载的增量随强度等级增大由 12.5kN 增大至 15.6kN。最大轴力仅在强度等级为 C15 有较明显差距，其在 CS2 时的最大轴力大于其他强度等级时的轴力。

从整体看，纵桥向与横桥向的各截面盘扣架的轴力增量变化均不明显，各强度等级的轴力曲线基本重合。在横桥向的跨中截面边腹板附近的轴力增量有较明显差距，该位置混凝土的强度等级减小时轴力增量也随之减小，当减小到 C15 时部分盘扣架的轴力增量小于 0。

8.4　系杆拱-贝雷梁梁柱式支架空间有限元仿真分析

8.4.1　模型信息

模型中系梁采用板单元模拟，盘扣架的水平杆和斜杆采用桁架单元，其余全部为梁单元。钢管格构柱在底部添加一般支承中的全固结约束，系梁的四个桥墩支座均释放纵桥向转动，水平位移约束分别为固定、释放横向位移、释放纵向位移、释放纵向与横向位移，在两片贝雷片连接位置释放梁单元 y-y 方向旋转自由度，工字钢横担与贝雷梁之间的连接采用弹性连接中的一般连接。

根据系杆拱桥的施工顺序，在 midas Civil 中对其进行施工阶段划分，吊杆张拉之前共分为 8 个关键施工阶段，编号为 CS1 ~ CS8，各施工阶段信息列入表 8-5 中。

施工阶段信息表　　表 8-5

施工阶段	工序	编号
1	钢管格构柱及横担搭设	CS1
2	上下弦杆加强型贝雷梁架设	CS2
3	盘扣架夹层搭设	CS3
4	主梁、拱脚浇筑	CS4
5	拱肋支架搭设	CS5
6	架设拱肋钢管	CS6
7	泵送拱肋下管混凝土	CS7
8	泵送拱肋上管混凝土	CS8

各施工阶段计算模型如图 8-17 所示。

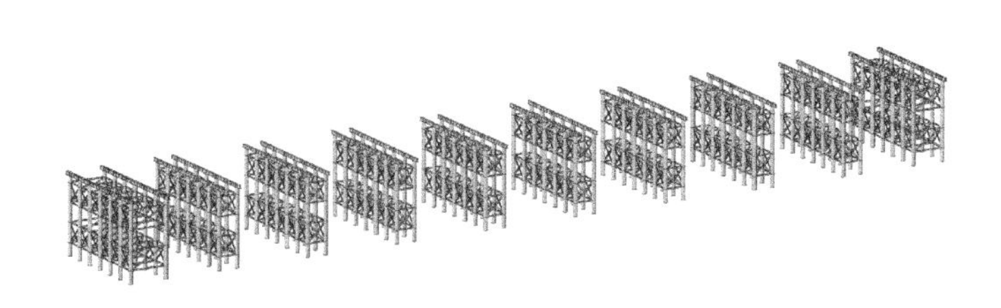

a)CS1钢管格构柱及横担搭设

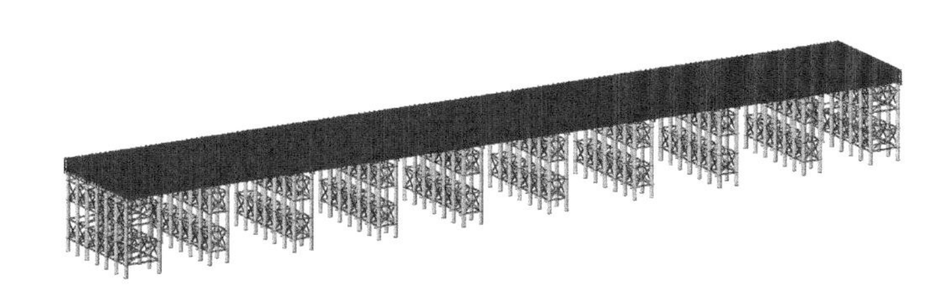

b)CS2上下弦杆加强型贝雷梁架设

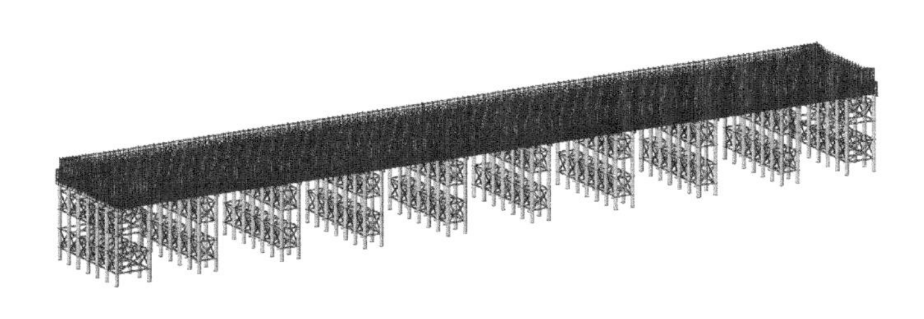

c)CS3盘扣架夹层搭设

图　8-17

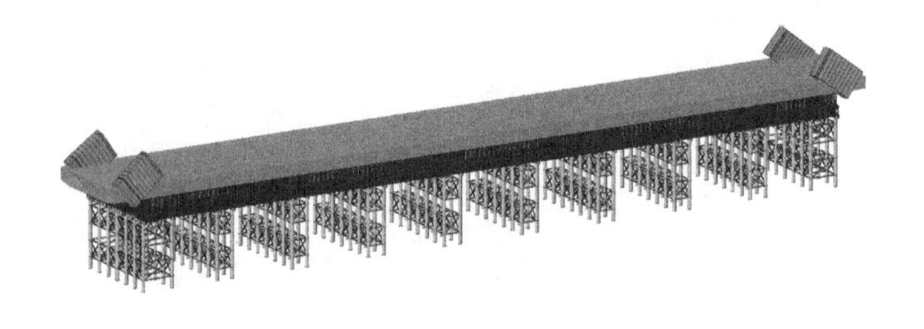

d)CS4主梁、拱脚浇筑

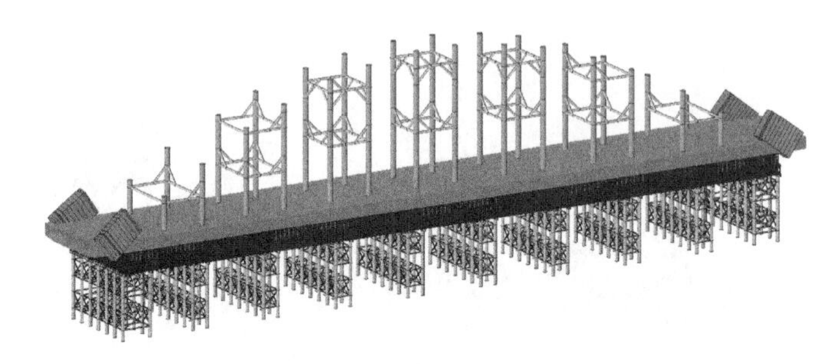

e)CS5拱肋支架搭设

f)CS6架设拱肋钢管

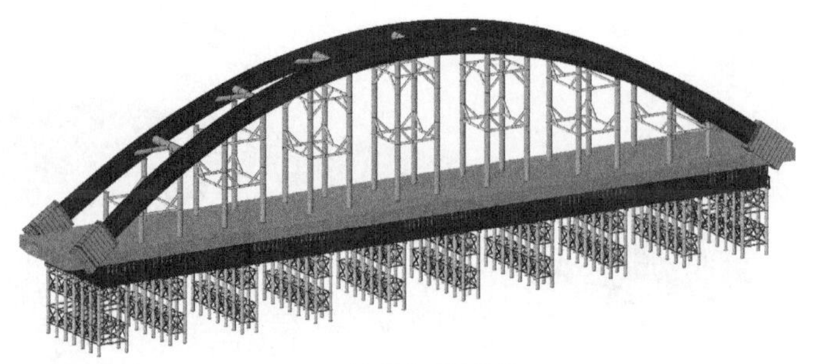

g)CS7泵送拱肋下管混凝土

图 8-17

h)CS8泵送拱肋上管混凝土

图 8-17　梁柱式支架各施工阶段有限元模型

拱肋相关施工阶段截面如图 8-8 所示。

8.4.2　计算结果分析

梁柱式支架各施工阶段的钢管立柱、工字钢横担、贝雷梁的最大应力及竖向位移的计算结果如图 8-18 所示。

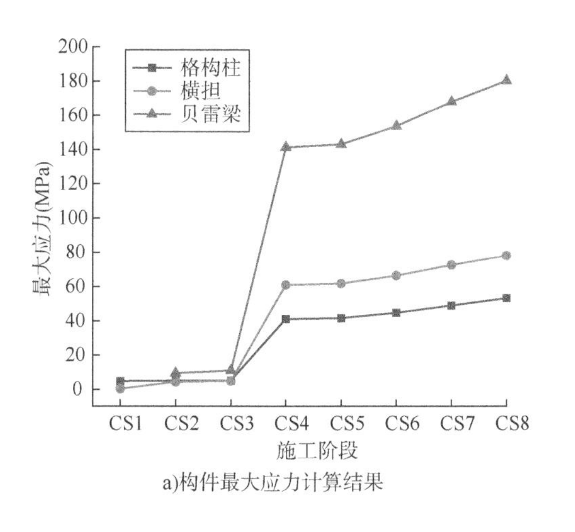

a)构件最大应力计算结果

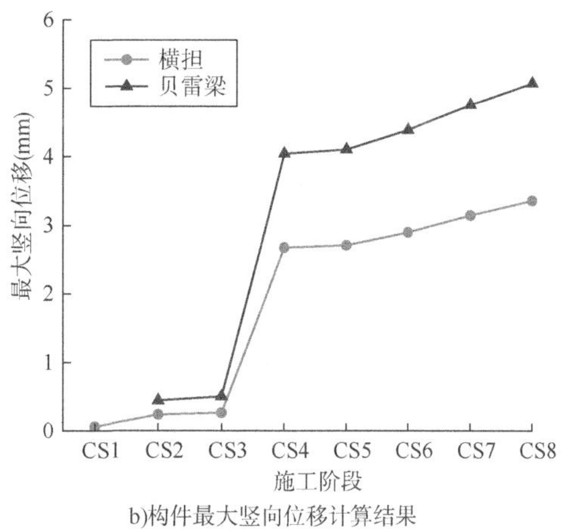

b)构件最大竖向位移计算结果

图 8-18　梁柱式支架计算结果

对于贝雷梁梁柱式支架而言,从系梁浇筑到拱肋混凝土泵送完成的施工过程中,钢管立柱、横担和贝雷梁的最大应力均有增加,增量分别为 12.1MPa、17.1MPa 和 39.0MPa,增量占其最终应力的 22.7%、21.9% 和 21.6%。工字钢横担和贝雷梁最大竖向位移随施工的进行逐渐增大,增量分别为 0.68mm 和 1.03mm,增量占最终位移的 20.2% 和 20.3%。

对系梁多个截面位置的贝雷梁区域荷载增量分别提取分析,在系梁腹板与底板下各取一个纵向断面,梁端、1/4 跨和跨中各取一个横向断面。其中系梁 1/4 跨为贝雷梁横担位置,系梁跨中为贝雷梁的跨中。各施工阶段纵桥向、横桥向贝雷梁的区域荷载如图 8-19、图 8-20 所示。

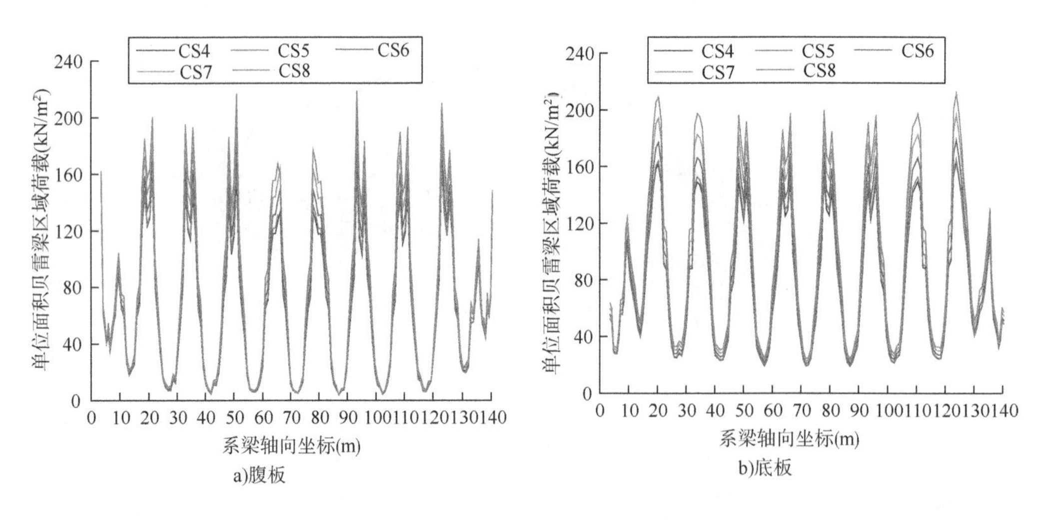

图 8-19 各施工阶段纵桥向贝雷梁区域荷载

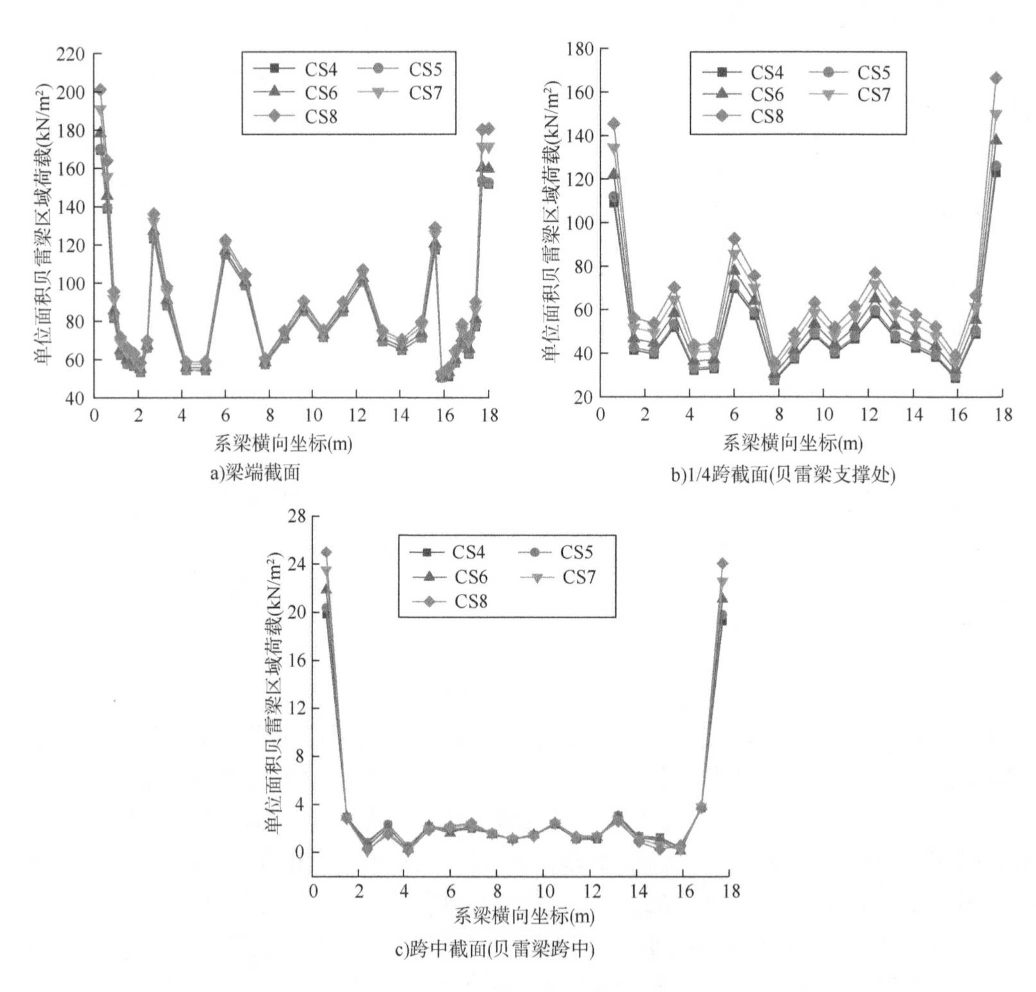

图 8-20 各施工阶段横桥向贝雷梁区域荷载

由图8-19、图8-20可以看出，腹板和底板下贝雷梁荷载的纵向分布相差均较大，荷载集中在贝雷梁横担支撑处。随着施工阶段的推进，贝雷梁的区域荷载在横担支撑处有所增大，其余位置基本不变。对于横桥向的各截面，贝雷梁的区域荷载主要集中在边腹板位置，尤其是贝雷梁的跨中截面最为明显，其底板和中腹板下的荷载均小于4kN/m²。

CS4 ~ CS8各关键截面的贝雷梁区域荷载增量如图8-21所示。

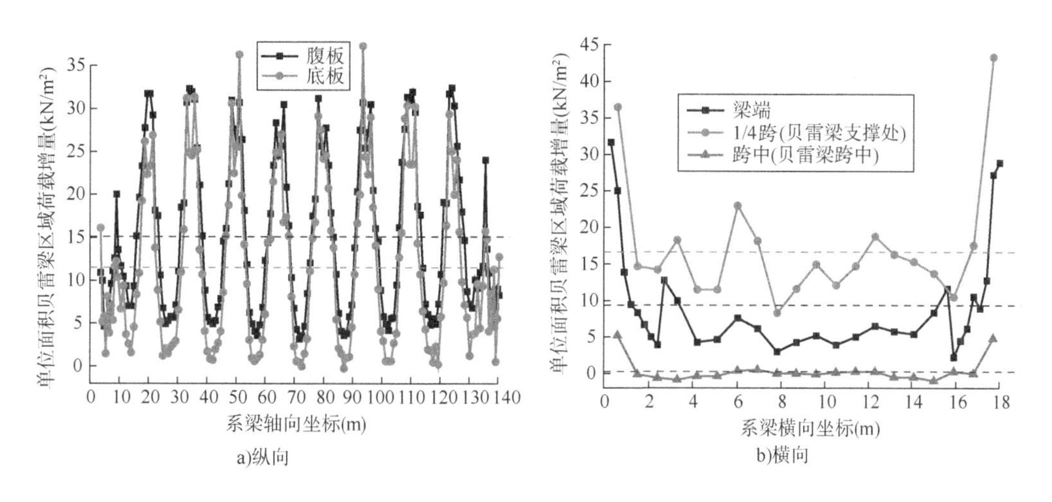

图8-21　贝雷梁区域荷载增量

注：图中虚线表示相应界面贝雷梁区域荷载增量的平均值。

在纵桥向，荷载增量主要集中在贝雷梁的横担支撑位置，贝雷梁跨中的增量较小。绝大多数位置的腹板下荷载增量大于底板下荷载增量，其平均值分别为15.1kN/m²和11.5kN/m²。在贝雷梁跨中，腹板下区域荷载增量明显大于底板下，该位置底板下的荷载增量趋近于0。

在横桥向各截面的区域荷载增量相差较大，系梁梁端、1/4跨和跨中的区域荷载增量平均值分别为9.3kN/m²、16.6kN/m²和0.3kN/m²。且各截面内荷载增量变化较大，主要集中在两侧边腹板位置。1/4跨截面位置的荷载增量大部分分布在0 ~ -1kN/m²范围内，仅在边腹板位置有明显正增量。

综上所述，考虑协同受力后，贝雷梁在横担位置分担的荷载较大，尤其是在其边腹板位置，需进行补强处理，贝雷梁跨中位置几乎不承担荷载。

8.4.3　混凝土强度等级影响分析

对模型中系梁的混凝土强度等级作为影响因素进行敏感参数分析，取C15 ~ C50作为对照组进行对比。图8-22为改变混凝土等级后的各施工阶段钢管立柱、工字钢横担和贝雷梁的应力最大值，表8-6为CS4 ~ CS8支架应力最大值增量，图8-23 ~ 图8-25为各位置的贝雷梁区域荷载增量。

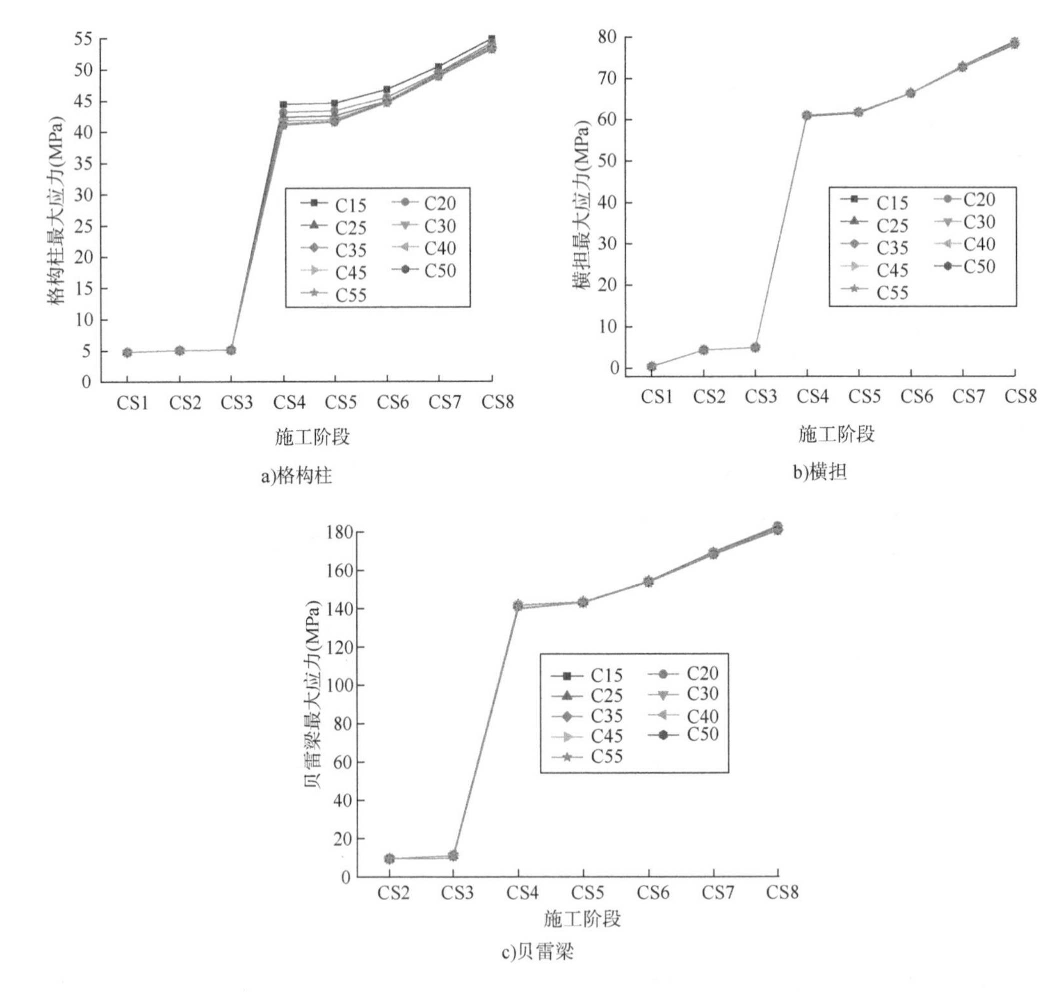

图 8-22 各施工阶段支架应力最大值

CS4 ~ CS8 支架应力最大值增量 表 8-6

混凝土强度等级	C15	C20	C25	C30	C35	C40	C45	C50	C55
格构柱应力增量(MPa)	10.5	11.1	11.5	11.9	12.2	12.2	12.2	12.1	12.1
横担应力增量(MPa)	18.2	17.8	17.6	17.5	17.4	17.3	17.2	17.2	17.1
贝雷梁应力增量(MPa)	40.9	41.0	39.9	39.7	39.5	39.3	39.2	39.4	39.0

模型中混凝土强度等级由 C15 增大至 C55 的过程中,各施工阶段的格构柱、横担和贝雷梁的最大应力变化均较小。格构柱的最大应力逐渐增大,横担和贝雷梁的最大应力逐渐减小,变化范围均小于 1MPa。

从整体看,纵桥向与横桥向的各截面贝雷梁的区域荷载增量变化均不明显,各强度等级的荷载增量曲线基本重合。在横桥向的跨中截面边腹板附近的轴力增量有较明显差距,该位置混凝土强度等级减小时,区域荷载的增量也随之减小。

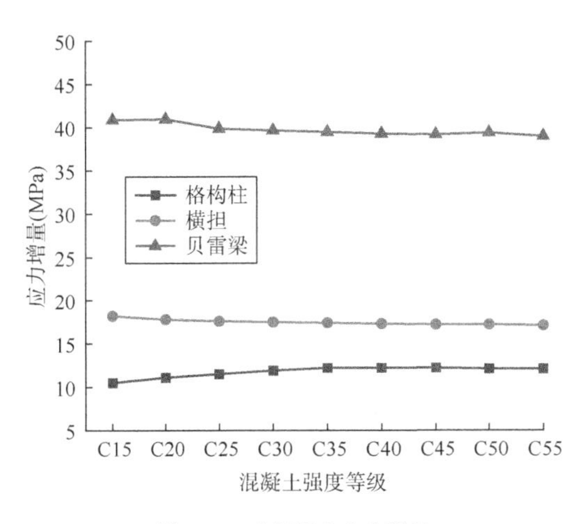

图 8-23　支架最大应力增量

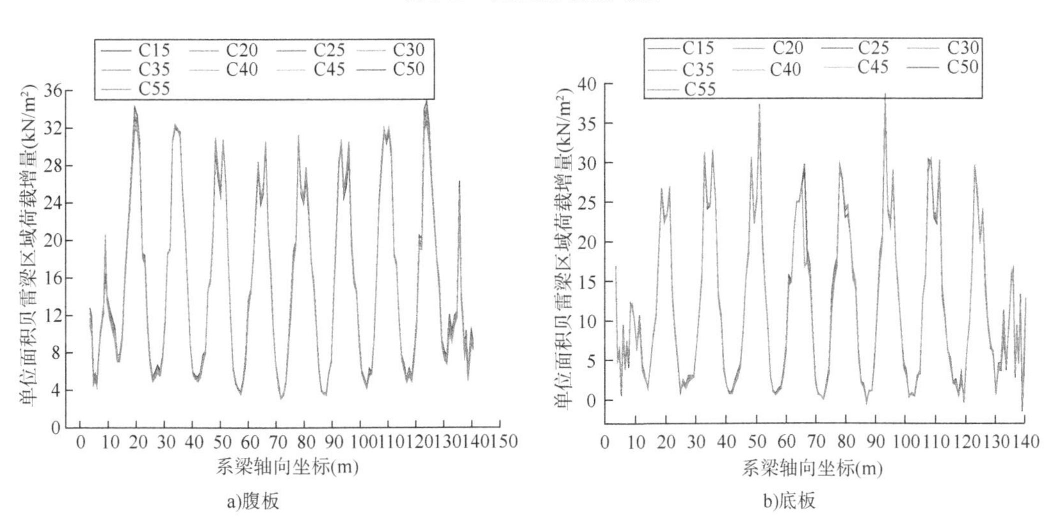

图 8-24　纵桥向贝雷梁区域荷载增量

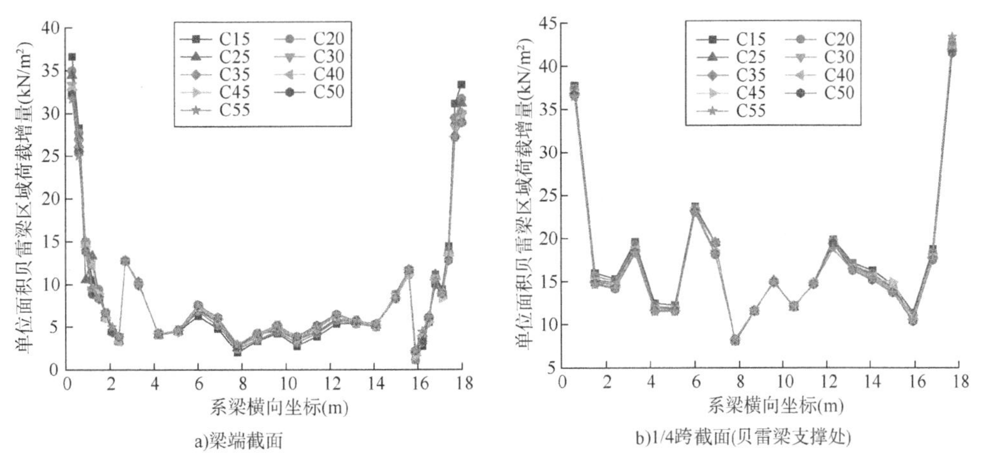

图　8-25

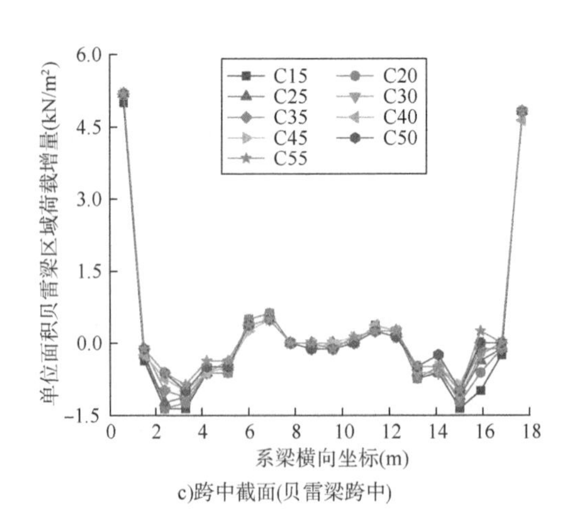

c)跨中截面(贝雷梁跨中)

图 8-25　横桥向贝雷梁区域荷载增量

8.5　本章小结

本章采用有限元软件 midas Civil 建立了盘扣满堂支架和贝雷梁梁柱式支架的空间模型，通过计算不同施工阶段的支架荷载，分析出拱肋架设带来的支架荷载增加量，从而得到其协同受力情况。结论如下：

(1)通过对盘扣式满堂支架仿真模型各施工阶段进行仿真分析，得到关键位置的盘扣架轴力及后期荷载下轴力增量分布图。盘扣式支架立杆的轴力在纵向全跨范围内波动变化，横向呈中间大两侧小分布，在后期荷载作用下盘扣架立杆的轴力增量腹板下大于底板下，盘扣架承担大部分后期荷载。

(2)对贝雷梁梁柱式支架模型各施工阶段进行仿真分析，得到关键位置的贝雷梁区域荷载及后期荷载作用下荷载增量分布图。各施工阶段中，纵向贝雷梁荷载均集中在其横担的支撑位置，贝雷梁跨中荷载较小，横向主要集中在两侧边腹板位置。在后期荷载作用下贝雷梁的荷载增量，同样纵向集中在其横担的支撑位置，横向集中在边腹板位置，梁柱式支架承担大部分后期荷载。

(3)对两种支架模型中系梁的混凝土强度等级作为敏感参数进行分析，发现其对支架承担的荷载大小影响较小。

参考文献

[1] 《中国公路学报》编辑部. 中国桥梁工程学术研究综述·2021[J]. 中国公路学报,2021,34(2):1-97.

[2] 陈淑媛. 中国精品档案解析之十五中华桥魂——茅以升与钱塘江桥工程档案[J]. 山西档案,2009(001):9-13.

[3] 李文杰,赵君黎. 发展中的中国桥梁——张喜刚谈中国桥梁的现状与展望[J]. 中国公路,2018(13):5.

[4] 李军堂. 沪苏通长江公铁大桥主航道桥钢桁梁整体制造架设技术[J]. 桥梁建设,2020,50(5):6.

[5] 孟凡超,刘明虎,吴伟胜,等. 港珠澳大桥设计理念及桥梁创新技术[J]. 中国工程科学,2015,17(1):10.

[6] 刘波,彭运动,侯满. 贵州都格北盘江大桥主桥设计及关键技术[J]. 桥梁建设,2018,48(6):6.

[7] 韩玉,杜海龙,秦大燕,等. 平南三桥施工重难点及关键技术研发[J]. 公路,2019(10):7.

[8] 许三平. 世界最长丹阳至昆山高速铁路大桥设计[J]. 高速铁路技术,2010,000(0z1):211-216.

[9] 秦顺全,徐伟,陆勤丰,等. 常泰长江大桥主航道桥总体设计与方案构思[J]. 桥梁建设,2020,50(3):10.

[10] 蔡向军. "先梁后拱"下承式系杆拱桥施工工艺[J]. 中国水运,2012,12(08):178-179.

[11] 范立础. 桥梁工程[M]. 北京:人民交通出版社,1988.

[12] 邵旭东. 桥梁工程[M]. 北京:人民交通出版社股份有限公司,2019.

[13] 徐勇. 拱桥的起源与石拱桥的发展[J]. 世界桥梁,2013,41(03):85-92.

[14] 丁大钧. 我国拱桥建设屡创辉煌[J]. 桥梁建设,2000(01):63-68.

[15] 陈宝春. 拱桥技术的回顾与展望[J]. 福州大学学报(自然科学版),2009,37(01):94-106.

[16] 农纪源. 缆拱桥力学原理及受力性能研究[D]. 南宁:广西大学,2017.

[17] QIU M H,KANG H J,GUO T D,et al. In-Plane Elastic Buckling Behavior of Circular Tied Cable-Arches[J]. International Journal of Structural Stability and Dynamics,2017,17(8):22.

[18] HAJJAR J F,GOURLEY B C. Representation of Concrete-Filled Steel Tube Cross-Section Strength[J]. Journal of Structural Engineering,1996,122(11):1327-1336.

[19] 汤关祚,招炳泉,竺惠仙,等. 钢管混凝土基本力学性能的研究[J]. 建筑结构学报,1982(1):13-31.

[20] 韩林海.钢管混凝土结构——理论与实践[C]//材料科学与工程技术——中国科协第三届青年学术年会论文集.北京:中国科学技术出版社,1998:440-444.

[21] HAN L H, LI W, BJORHOVDE R. Developments and Advanced Applications of Concrete-filled Steel Tubular (CFST) Structures: Members[J]. Journal of Constructional Steel Research, 2014, 100: 211-228.

[22] HE F Y, LI C, CHEN B C, et al. Compressive Behavior of Concrete-encased CFST Column with Initial Stress[J]. Journal of Constructional Steel Research, 2023, 201: 16.

[23] 陈宝春,陈友杰.钢管混凝土肋拱面内受力全过程试验研究[J].工程力学,2000(02):44-50,43.

[24] 陈宝春.钢管混凝土拱桥发展综述[J].桥梁建设,1997(02):10-15,24.

[25] 陈宝春,何福云,李聪,等.美兰法与美兰拱桥技术发展综述[J].交通运输工程学报,2022,22(06):1-24.

[26] HUANG Y, ZHANG Q H, YE H W, et al. Analysis of Spatial Stability of a CFST Tied Arch Bridge[J]. Bridge Construction, 2014, 44(04): 50-56.

[27] JIANG H. Construction of Long-Span Tied Arch Bridge[J]. Structural Engineers, 2005.

[28] 蔡绍怀.我国钢管混凝土结构技术的最新进展[J].土木工程学报,1999,32(004):16-26.

[29] ZHENG J L, WANG J J. Concrete-Filled Steel Tube Arch Bridges in China[J]. Engineering, 2018, 4(1): 143-155.

[30] 陈宝春.钢管混凝土拱桥桥例简介(上)[J].中外公路,2008(04):95-100.

[31] 赖泉水,张靖,傅韵芬,等.三山西大桥主桥设计简介[J].桥梁建设,1995(04):11-15.

[32] 陈宝春.钢管混凝土拱桥[M].北京:人民交通出版社,2007.

[33] 陈宝春,韦建刚,周俊,等.我国钢管混凝土拱桥应用现状与展望[J].土木工程学报,2017,50(06):50-61.

[34] 邵斌.绵阳涪江三桥的设计与构思[J].西南公路,1998,000(002):1-7.

[35] 黄香健.三岸邕江大桥施工技术[C]//中国公路学会桥梁和结构工程学会一九九九年桥梁学术讨论会论文集.北京:人民交通出版社,1999,467-471.

[36] 丁庆军,陈江,李悦,等.龙潭河大桥钢管混凝土配合比设计与施工[J].建筑材料学报,2001,4(3):5.

[37] 徐升桥,任为东,李艳明.丫髻沙大桥主桥设计[J].桥梁建设,2000(3):5.

[38] 李彩霞.钢管混凝土拱桥动力特性的研究[D].武汉:武汉理工大学,2004.

[39] 陈宝春.钢管混凝土拱桥桥例简介(下)[J].中外公路,2008,179(05):139-145.

[40] 周水兴.浙江三门健跳大桥拱肋安装与施工控制计算[J].重庆交通学院学报,2002,21(2):1-5.

[41] 倪顺龙,张迎辉.连云港——徐州高速公路京杭运河特大桥施工阶段结构分析[J].公路交通技术,2003(1):3.

[42] 张弓.大跨径钢管混凝土拱桥结构优化分析[D].武汉:武汉理工大学,2013.

[43] 付宇文,黎卓勤.浙江千岛湖南浦大桥钢管拱肋吊装方案[J].交通运输研究,2008(5):

182-185.
[44] 丁庆军,彭艳周,何永佳,等. 巫山长江大桥钢管混凝土配合比设计与施工[J]. 混凝土,2006(10):4.
[45] 周仁忠,田唯,荀东亮,等. 横琴二桥主桥钢桁拱架设施工关键技术[J]. 桥梁建设,2016,46(6):6.
[46] 万麟,陈冠桦. 香火岩特大桥设计[J]. 中外公路,2015,35(5):5.
[47] 彭元诚,丁德豪,宗昕,等. 大小井特大桥桥型方案比选[J]. 公路,2019,64(09):146-149.
[48] 周银,王玥,周建庭,等. 500m 级钢管拱桥成拱计算与控制方法[J]. 中国公路学报,2022,35(5):13.
[49] 林璋璋. 多层模板支撑体系的时空分析[D]. 杭州:浙江工业大学,2005.
[50] 王安君. 大截面型钢混凝土梁及其模板支架体系协同受力分析及相关工艺研究[D]. 青岛:青岛理工大学,2012.
[51] 朱奕祥. 钢板-UHPC 组合加固受损混凝土梁抗剪性能试验研究[D]. 长沙:湖南大学,2021.
[52] 何少川. 巨型梁分层浇筑施工阶段支撑结构的受力特性及实验研究[D]. 兰州:兰州交通大学,2019.
[53] 朱尧于. 钢板-混凝土组合结构桥塔受力机理及设计方法研究[D]. 北京:清华大学,2020.
[54] 宗兆民,袁浩,李舰舰,等. 中央歌剧院 SRC 梁浇筑过程中高大模板支架承担荷载比例研究[J]. 施工技术,2019,48(05):123-127.
[55] 曹克周,杨承超,刘殷岑,等. 某地下室结构和边坡支护协同受力分析[J]. 建筑结构,2022(22),120-125.
[56] 徐志华,彭德清,汪晓红,等. 桥面铺装协同受力的空心板梁抗弯承载力研究[J]. 公路交通技术,2022,38(05):49-57.
[57] 溥王一龙. 现浇叠合梁分层浇筑尺寸的研究[D]. 昆明:昆明理工大学,2021.
[58] IBANEZ C,HERNANDEZ-FIGUEIRIDO D,PIQUER A. Shape Effect on Axially Loaded High Strength CFST Stub Columns[J]. Journal of Constructional Steel Research,2018,147:247-256.
[59] AL ZAND A W,BADARUZZAMAN W H W,MUTALIB A A,et al. Rehabilitation and Strengthening of High-strength Rectangular CFST Beams Using a Partial Wrapping Scheme of CFRP Sheets:Experimental and numerical study[J]. Thin-Walled Structures,2017,114:80-91.
[60] 谢海清. 特大跨度铁路劲性骨架混凝土拱桥结构选型及关键力学问题研究[D]. 成都:西南交通大学,2012.
[61] 许波. 澜沧江钢管混凝土劲性骨架拱桥合理结构设计研究与力学特性分析[D]. 长沙:中南大学,2010.
[62] 王其林. 基于弹性地基梁理论的钢管混凝土系杆拱桥系梁—支架协同受力研究[D]. 烟

台:烟台大学,2022.
[63] 于海祥.《承插型盘扣式钢管脚手架安全技术标准》(JGJ/T 231—2021)修订要点分析[J].重庆建筑,2023,22(1):5.
[64] 中华人民共和国住房和城乡建设部.建筑施工承插型盘扣式钢管脚手架安全技术标准:JGJ/T 231—2021[S].北京:中国建筑工业出版社,2021.
[65] 汪腊春.承插型盘扣式脚手架结构安全研究[J].安徽水利水电职业技术学院学报,2013,13(4):3.
[66] 李英甫.盘扣式脚手架在现浇箱梁中应用[J].城镇建设,2019(011):79.
[67] SHI W K. Summary of the Construction Technology of Cast-in-Situ Box Girder with Insert-in-Place Disc-Buckle Bracket Steel Pipe Support Method[J]. Management & Technology of SME,2019.
[68] 韩源彬.盘扣式模板支撑架承载性能研究与应用[D].北京:清华大学,2018.
[69] 龙驭球.弹性地基梁的计算[M].北京:人民教育出版社,1981.
[70] 丁大钧.弹性地基梁计算理论和方法[M].南京:南京工学院出版社,1986.
[71] 孙炳书,刘明文.关于弹性地基梁模型与计算方法[J].工业建筑,2014(S1):3.
[72] 阎盛海.地下建筑结构中弹性地基直梁的初参数法[J].大连大学学报,2001,22(2):11.
[73] 丁敏,李潇,马倩,等.基于 Winkler 弹性地基梁模型的半刚性轻钢柱脚底板受力分析[J].工程力学,2014,(5):8.
[74] 纪多辙.铁摩辛柯基础梁的解析解和广义克雷洛夫函数[J].力学与实践,2002,24(1):3.
[75] 黄绍金,刘陌生.装配式公路钢桥多用途使用手册[M].北京:人民交通出版社,2002.
[76] 交通部公路规划设计院.装配式公路钢桥架设说明[M].北京:人民交通出版社,1979.
[77] LIANG Y S, WANG S J, ZHANG J F. Static Performance Analysis on "321" Bailey Beam Steel Temporary Bridge[J]. Journal of North China Institute of Water Conservancy and Hydroelectric Power,2012,33(05):39-42.
[78] 陈志勇.钢管桩和贝雷梁组合支架现浇箱梁施工技术[J].铁道建筑,2013(2):3.
[79] SHI H, CHEN L. Application of Bailey Beam and Cantilever Bracket in Rigid Frame Bridge Construction[J]. Modern Transportation Technology,2016.
[80] 谈至明.弹性地基上双层叠合梁的解[J].力学学报,1997,29(6).
[81] 何威,左树行,白象忠.弹性地基双层梁理论下的混凝土路面力学分析[J].应用力学学报,2020,37(1):9.
[82] 程钦桂.基于双层梁理论的双向增强路基沉降计算研究[D].长沙:湖南大学,2007.
[83] 成思源.有限元法的方法论[J].重庆大学学报(社会科学版),2001,7(4):61-63.
[84] 陈滔.基于有限单元柔度法的钢筋混凝土框架三维非弹性地震反应分析[D].重庆:重庆大学,2003.
[85] SELLERI S. A Brief History of Finite Element Method and Its Applications to Computational Electromagnetics[J]. Applied Computational Electromagnetics Society Journal,2022,37(5):517-525.

[86] OM S S, KIM K J, OH T G, et al. A Weak Galerkin Finite Element Method for the Incompressible Viscous Magneto-hydrodynamic Equations[J]. Engineering Mathematics, 2022, 6(1).

[87] CONG X, RUNSHENG P, WENQIAN X, et al. Evaluation of Maxillary First Molar Intrusion Mechanics with Mini-Implant Anchorages Using the Finite Element Method[J]. Journal of Hard Tissue Biology, 2023, 32(1): 1-10.

[88] KWON Y W, BANG H C. The finite element method using MATLAB[M]. Boca Raton, Fla: CRC Press, 2015.

[89] 刘卜源,张宪,胡云朋,等.有限元算法应用分析[J].中国科技信息,2010(22):35-36.

[90] 颜云辉,谢里阳.结构分析中的有限单元法及其应用[M].沈阳:东北大学出版社,2000.

[91] 王勖成.有限单元法基本原理和数值方法[M].北京:清华大学出版社,1997.